# 前 言

党的十九届六中全会决定,中国共产党第二十次全国代表大会于2022年下半年在北京召开。全会认为,党的二十大是我们党进入全面建设社会主义现代化国家、向第二个百年奋斗目标进军新征程的重要时刻召开的一次十分重要的代表大会,是党和国家政治生活中的一件大事。全党要团结带领全国各族人民攻坚克难、开拓奋进,为全面建设社会主义现代化国家、夺取新时代中国特色社会主义伟大胜利、实现中华民族伟大复兴的中国梦作出新的更大贡献,以优异成绩迎接党的二十大召开。

"历史是最好的教科书"。中国共产党是重视并善于总结历史经验的马克思主义政党,每到重大历史转折、重大历史关头,我们党总是回顾历史、总结经验,从党的历史中汲取智慧和力量。党的十九届六中全会,通过历史决议的形式,引导全党清醒认识"我们为什么能够成功"和"我们怎样才能继续成功"两个历史性重大课题。全会深刻而鲜明地回答了历史之问、时代之问、人民之问、未来之问,总结了党百年奋斗"四个历史时期"的重大成就,概括了党百年奋斗的"五大历史意义",梳理了党百年奋斗的"十个坚持"历史经验,规划了新时代中国共产党的使命担当与美好前景。作为共产党员,要把学习贯彻党的十九届六中全会精神当成重要的政治任务,做到学史明理、学史增信、学史崇德、学史力行。

中国共产党一经诞生,就把为中国人民谋幸福、为中华民族谋复兴确立为自己的初心使命,点亮了实现中华民族伟大复兴的"灯塔"。正如习近平总书记指出的,一百年来,中国共产党团结带领中国人民进行的一切奋斗、一切牺牲、一切创造,归结起来就是一个主题:实现中华民族伟大复兴。夺取新民主主义革命伟大胜利,为实现中华民族伟大复兴创造根本社会条件;完成社会主义革命和推进社会主义建设,为实现中华民族伟大复兴奠定根本政治前提和制度基础;进行改革开放和社会主义现代化建设,为实现中华民族伟大复兴提供充满新的活力的体制保证和快速发展的物质条件;开创中国特色社会主义新时代,为实现中华民族伟大复兴提供更为完善的制度保证、更为坚实的物质基础、更为主动的精神力量。作为共产党员，要以实现中华民族伟大复兴为己任，为实现中华民族伟大复兴的中国梦建功立业。

党的十八大以来，以习近平同志为核心的党中央统筹把握中华民族伟大复兴战略全局和世界百年未有之大变局，立足中国特色社会主义新时代新的历史方位，创立了习近平新时代中国特色社会主义思想，实现了马克思主义中国化新的飞跃。早在2016年10月，党的十八届六中全会正式提出"以习近平同志为核心的党中央"，确立了习近平总书记在党中央的核心地位。2017年10月，党的十九大通过的党章修正案将习近平新时代中国特色社会主义思想写入党章，实现了党的指导思想的与时俱进。党的十九届六中全会强调，"两个确立"对于新时代党和国家事业发展、对推进中华民族伟大复兴历史进程具有决定性意义。作为共产党员，要充分认识"两个确立"的决定性意义，并把"两个确立"转化为坚决做到"两个维护"的高度自觉。

奋斗百年路，启航新征程。正如党的十九届六中全会通过的《中共中央关于党的百年奋斗重大成就和历史经验的决议》指出的："党中央号召，全党全军全国各族人民要更加紧密地团结在以习近平同志为核心的党中央周围，全面贯彻习近平新时代中国特色社会主义思想，大力弘扬伟大建党精神，勿忘昨天的苦难辉煌，无愧今天的使命担当，不负明天的伟大梦想，以史为鉴、开创未来，埋头苦干、勇毅前行，为实现第二个百年奋斗目标、实现中华民族伟大复兴的中国梦而不懈奋斗。我们坚信，在过去一百年赢得了伟大胜利和荣光的中国共产党和中国人民，必将在新时代新征程上赢得更加伟大的胜利和荣光！"[1]作为共产党员，要积极响应党中央的号召，做全面从严治党的模范践行者，做新时代的合格党员，以一流的精神状态和优异的成绩喜迎党的二十大的召开！

---

[1]《中共中央关于党的百年奋斗重大成就和历史经验的决议》，《人民日报》2021年11月17日。

# 党员就该这样干

奋斗百年路 启航新征程

金钊 编著

中共中央党校出版社

### 图书在版编目（CIP）数据

党员就该这样干 / 金钊编著 . -- 北京：中共中央党校出版社 , 2022.3
　　ISBN 978-7-5035-7268-5

　　Ⅰ.①党… Ⅱ.①金… Ⅲ.①中国共产党 – 党员 – 学习参考资料 Ⅳ.① D261.42

中国版本图书馆 CIP 数据核字（2022）第 029249 号

### 党员就该这样干

| | |
|---|---|
| 责任编辑 | 任丽娜　桑月月 |
| 责任印制 | 陈梦楠 |
| 责任校对 | 王明明 |
| 出版发行 | 中共中央党校出版社 |
| 地　　址 | 北京市海淀区长春桥路 6 号 |
| 电　　话 | （010）68922815（总编室）　（010）68922233（发行部） |
| 传　　真 | （010）68922814 |
| 经　　销 | 全国新华书店 |
| 印　　刷 | 北京温林源印刷有限公司 |
| 开　　本 | 690 毫米 ×980 毫米 1/16 |
| 字　　数 | 200 千字 |
| 印　　张 | 15.5 |
| 版　　次 | 2022 年 3 月第 1 版　2022 年 3 月第 1 次印刷 |
| 定　　价 | 58.00 元 |

微 信 ID：中共中央党校出版社　　邮　箱：zydxcbs2018@163.com

**版权所有·侵权必究**
如有印装质量问题，请与本社发行部联系调换

# 目录

## 第一章
## 深入学习党的十九届六中全会精神

《关于若干历史问题的决议》..................................................002
《关于建国以来党的若干历史问题的决议》..........................003
《中共中央关于党的百年奋斗重大成就和历史经验的决议》......004
总结百年奋斗重大成就和历史经验的"三个需要"................005
总结百年奋斗重大成就和历史经验要做好"六个深入研究"......006
总结百年奋斗重大成就和历史经验重点突出中国特色社会主义新时代......007
百年奋斗"四个历史时期"及"四个伟大飞跃"....................008
夺取新民主主义革命伟大胜利..............................................009
完成社会主义革命和推进社会主义建设..................................010
进行改革开放和社会主义现代化建设......................................011
开创中国特色社会主义新时代..............................................012

党的百年奋斗从根本上改变了中国人民的前途命运..................013
党的百年奋斗开辟了实现中华民族伟大复兴的正确道路..........014
党的百年奋斗展示了马克思主义的强大生命力......................015
党的百年奋斗深刻影响了世界历史进程................................016
党的百年奋斗锻造了走在时代前列的中国共产党...................017
党的百年奋斗的"十条历史经验"........................................018

## 第二章
# 以实现中华民族伟大复兴为己任

共产主义是共产党人的最高理想..........................................020
中国共产党是最高纲领和最低纲领的统一论者......................021
中国梦是中华民族近代以来最伟大的梦想.............................022
中国梦的本质是国家富强、民族振兴、人民幸福...................023
"两个一百年"的奋斗目标..................................................025
"归结起来就是一个主题：实现中华民族伟大复兴"...............026
实现中华民族伟大复兴的三大里程碑..................................027
为实现中华民族伟大复兴创造根本社会条件.........................029
为实现中华民族伟大复兴奠定根本政治前提和制度基础.........030
为实现中华民族伟大复兴提供充满新的活力的体制保证和快速发展的物质条件......031
为实现中华民族伟大复兴提供更为完善的制度保证、更为坚实的物质基础、

更为主动的精神力量............................................032

在中华大地上全面建成了小康社会............................................033

实现中华民族伟大复兴进入了不可逆转的历史进程............................034

新时代中国共产党的历史使命............................................035

实现中华民族伟大复兴，必须走中国道路............................................036

实现中华民族伟大复兴，必须弘扬中国精神............................................037

实现中华民族伟大复兴，必须凝聚中国力量............................................038

实现伟大梦想，必须进行伟大斗争............................................039

实现伟大梦想，必须建设伟大工程............................................040

实现伟大梦想，必须推进伟大事业............................................041

## 第三章
## 以习近平新时代中国特色社会主义思想为指导

"马克思主义为什么行"............................................044

马克思主义之所以"行"，是由马克思主义的理论品格决定的............................045

毛泽东思想是马克思主义中国化的第一次历史性飞跃............................047

中国特色社会主义理论体系实现了马克思主义中国化新的飞跃............................049

习近平新时代中国特色社会主义思想实现了马克思主义中国化新的飞跃............................050

习近平新时代中国特色社会主义思想的主要内容：从"八个明确"
　　到"十个明确"............................................052

习近平新时代中国特色社会主义思想的理论主题 ...... 055
习近平新时代中国特色社会主义思想是当代中国马克思主义、二十一世纪
　　马克思主义 ...... 057
习近平新时代中国特色社会主义思想是中华文化和中国精神的时代精华 ...... 059
贯彻习近平新时代中国特色社会主义经济思想 ...... 061
贯彻习近平生态文明思想 ...... 062
贯彻习近平强军思想 ...... 063
贯彻习近平外交思想 ...... 064
贯彻习近平法治思想 ...... 065
学好《习近平谈治国理政》第一卷 ...... 066
学好《习近平谈治国理政》第二卷 ...... 067
学好《习近平谈治国理政》第三卷 ...... 068
学好《习近平新时代中国特色社会主义思想学习纲要》 ...... 069
学好《习近平新时代中国特色社会主义思想学习问答》 ...... 070

## 第四章
# 坚定中国特色社会主义"四个自信"

改革开放以来党的全部理论和实践的主题 ...... 072
中国特色社会主义是社会主义而不是其他什么主义 ...... 073
中国特色社会主义的总依据 ...... 074
中国特色社会主义的总任务 ...... 075

中国特色社会主义总体布局..........076

中国特色社会主义战略布局..........078

中国特色社会主义最本质的特征..........079

中国特色社会主义理论体系..........080

中国特色社会主义道路..........081

中国特色社会主义制度..........082

中国特色社会主义文化..........083

中国特色社会主义进入新时代..........084

中国特色社会主义新时代的重大意义..........085

新时代中国特色社会主义基本方略..........086

坚定中国特色社会主义"四个自信"..........087

## 第五章
# 弘扬传承好革命精神谱系

红船精神..........090

井冈山精神..........091

伟大长征精神..........092

延安精神..........093

西柏坡精神..........094

抗美援朝精神..........095

雷锋精神..........096

焦裕禄精神 ......................................................................... 097
大庆精神、铁人精神 ........................................................ 098
"两弹一星"精神 ................................................................ 099
"六十四字"创业精神 ....................................................... 100
抗洪精神 ............................................................................. 101
抗击非典精神 ..................................................................... 102
载人航天精神 ..................................................................... 103
抗震救灾精神 ..................................................................... 104
北京奥运精神 ..................................................................... 105
伟大抗疫精神 ..................................................................... 106
劳模精神、劳动精神、工匠精神 .................................... 107
探月精神 ............................................................................. 108
孺子牛、拓荒牛、老黄牛"三牛"精神 .......................... 109
脱贫攻坚精神 ..................................................................... 110
伟大建党精神 ..................................................................... 111

### 第六章
## 做全面从严治党的模范践行者

学好《习近平关于全面从严治党论述摘编》................ 114
建设学习型、服务型、创新型的马克思主义执政党 .... 115
落实新时代党的建设总要求 ............................................. 116

贯彻新时代党的组织路线 ... 117

勇于自我革命 ... 118

坚持全面从严治党 ... 119

完善全面从严治党制度 ... 120

落实全面从严治党主体责任 ... 121

以党的政治建设为统领 ... 122

"两个确立"的决定性意义 ... 123

切实做到"两个维护" ... 124

坚持思想建党和制度治党同向发力 ... 125

作风建设永远在路上 ... 126

坚持和完善党和国家监督体系 ... 127

用铁的纪律维护党的团结统一 ... 128

恪守党的廉洁自律规范 ... 129

保持共产党员的先进性和纯洁性 ... 130

把不忘初心、牢记使命作为终身课题 ... 131

把全面从严治党要求落实到全体党员 ... 132

## 第七章
# 争做新时代的合格党员

牢记第一身份是共产党员 ... 134

对照"四讲四有"标准 ... 135

争做"四个合格"党员.................................136

必须旗帜鲜明讲政治.................................137

做政治上的明白人...................................138

"谁都不能拿政治纪律和政治规矩当儿戏".....139

让纪律成为管党治党的尺子.........................140

遵守党的政治纪律...................................141

遵守党的组织纪律...................................143

遵守党的廉洁纪律...................................144

遵守党的群众纪律...................................145

遵守党的工作纪律...................................146

遵守党的生活纪律...................................147

遵守社会公德.........................................148

遵守职业道德.........................................150

修养家庭美德.........................................152

用良好家教家风涵育道德品行.....................153

注重家教家风建设...................................154

修养个人品德.........................................155

保持高尚道德情操和健康生活情趣...............156

把加强道德修养作为人生必修课..................157

把人民放在心中最高位置...........................158

对党忠诚、个人干净、敢于担当..................159

充分发挥先锋模范作用..............................160

"把党徽戴起来,把身份亮出来,把形象立起来"....161

"关键时刻冲得上去、危难关头豁得出来".....162

牢记一个根本问题...................................163

响应一个伟大号召...................................164

**附录一**

中共中央关于党的百年奋斗重大成就和历史经验的决议 ............................................. 165

**附录二**

测试题 ........................................................................................................ 210

测试题答案 ................................................................................................. 233

第一章

# 深入学习
# 党的十九届六中全会精神

## 《关于若干历史问题的决议》

《关于若干历史问题的决议》是延安整风运动的重要成果。《关于若干历史问题的决议》分七个部分，总结了建党以来特别是党的六届四中全会至遵义会议前这一段党的历史及其经验教训，对若干重大历史问题作出了结论。其中第一部分首先明确："中国共产党自一九二一年产生以来，就以马克思列宁主义的普遍真理和中国革命的具体实践相结合为自己一切工作的指针，毛泽东同志关于中国革命的理论和实践便是此种结合的代表。"第二部分对大革命时期、土地革命战争时期党的历史作了简要阐述。第三部分论述了从1927年到遵义会议党内的"左"倾、右倾错误，特别对第三次"左"倾路线错误产生的思想根源作了深刻分析，强调"遵义会议后，党中央在毛泽东同志领导下的政治路线，是完全正确的"。第四、五部分用较大篇幅论述了党内"左"倾路线错误在政治上、军事上、组织上、思想上的表现及其发展过程、主要内容、社会根源以及给中国革命所造成的严重危害。第六部分强调对于党内历史问题应采取"从团结出发，而又达到团结"的原则。第七部分高度评价了毛泽东运用马克思列宁主义基本原理解决中国革命问题的杰出贡献，肯定了确立毛泽东在全党领导地位的重大意义。

1945年4月，党的扩大的六届七中全会原则通过《关于若干历史问题的决议》，既成功解决了党的历史问题，也标志着整风运动的胜利结束。

# 《关于建国以来党的若干历史问题的决议》

《关于建国以来党的若干历史问题的决议》（以下简称《决议》）形成于改革开放新时期解放思想、拨乱反正的历史转折之中。《决议》分八个部分，回顾了新中国成立以前党的历史，总结了新中国成立以后社会主义革命和建设的历史经验，对一些重大事件和重要人物作出了评价，特别是正确评价了毛泽东和毛泽东思想。同时，《决议》指出："文化大革命"不是也不可能是任何意义上的革命或社会进步，而是一场由领导者错误发动，被反革命集团利用，给党、国家和各族人民带来严重灾难的内乱。《决议》第一部分简要回顾了新中国成立以前28年的历史，第二部分至第五部分对社会主义革命和建设时期党的历史作了系统总结，第六部分阐述了结束"文化大革命"以来党和国家事业实现的伟大转折。第七部分实事求是地评价了毛泽东的历史地位，充分肯定了毛泽东思想作为党长期坚持的指导思想的伟大意义，并对毛泽东思想"多方面的内容"和"活的灵魂"作出科学概括。第八部分指出，"三中全会以来，我们党已经逐步确立了一条适合我国情况的社会主义现代化建设的正确道路"，并对其"主要点"从十个方面作了概括。这实质上初步提出了在中国建设什么样的社会主义和怎样建设社会主义的问题。

1981年6月，党的十一届六中全会一致通过了这份凝结了集体智慧、代表了全党意志的《决议》，党在指导思想上的拨乱反正也由此胜利完成。

## 《中共中央关于党的百年奋斗重大成就和历史经验的决议》

我们党先后于1945年、1981年通过了两个历史决议。现在，距离第一个历史决议制定已经过去了70多年，距离第二个历史决议制定也过去了40多年。40多年来，党和国家事业大大向前发展了，党的理论和实践也大大向前发展了。站在新的历史起点上，回顾过去，展望未来，全面总结党的百年奋斗重大成就和历史经验特别是改革开放40多年来的重大成就和历史经验，既有客观需要，也具备主观条件。党的十九届六中全会审议通过了《中共中央关于党的百年奋斗重大成就和历史经验的决议》（以下简称《决议》）。

《决议》除序言和结束语之外，共有七个部分，分别是：夺取新民主主义革命伟大胜利；完成社会主义革命和推进社会主义建设；进行改革开放和社会主义现代化建设；开创中国特色社会主义新时代；中国共产党百年奋斗的历史意义；中国共产党百年奋斗的历史经验；新时代的中国共产党。

《决议》同党作出的前两个历史决议一样，必将对推动全党统一思想、统一意志、统一行动，团结带领全国各族人民以史为鉴、开创未来，埋头苦干、勇毅前行，在新时代更好坚持和发展中国特色社会主义、实现中华民族伟大复兴产生重大而深远的影响。

# 总结百年奋斗重大成就和历史经验的"三个需要"

在中国共产党成立 100 周年的重要历史时刻，在党和人民胜利实现第一个百年奋斗目标、全面建成小康社会，正在向着全面建成社会主义现代化强国的第二个百年奋斗目标迈进的重大历史关头，全面总结党的百年奋斗重大成就和历史经验，对推动全党进一步统一思想、统一意志、统一行动，团结带领全国各族人民夺取新时代中国特色社会主义新的伟大胜利，具有重大现实意义和深远历史意义。主要体现为"三个需要"：

第一，总结党的百年奋斗重大成就和历史经验，是在建党百年历史条件下开启全面建设社会主义现代化国家新征程、在新时代坚持和发展中国特色社会主义的需要；

第二，总结党的百年奋斗重大成就和历史经验，是增强政治意识、大局意识、核心意识、看齐意识，坚定道路自信、理论自信、制度自信、文化自信，做到坚决维护习近平同志党中央的核心、全党的核心地位，坚决维护党中央权威和集中统一领导，确保全党步调一致向前进的需要；

第三，总结党的百年奋斗重大成就和历史经验，是推进党的自我革命、提高全党斗争本领和应对风险挑战能力、永葆党的生机活力、团结带领全国各族人民为实现中华民族伟大复兴的中国梦而继续奋斗的需要。

## 总结百年奋斗重大成就和历史经验 要做好"六个深入研究"

党的百年奋斗历程波澜壮阔，时间跨度长，涉及范围广，需要研究的问题多。具体来说，体现为"六个深入研究"：

（1）深入研究党领导人民进行革命、建设、改革的百年历程，全面总结党从胜利走向胜利的伟大历史进程、为国家和民族建立的伟大历史功绩；

（2）深入研究党坚持把马克思主义基本原理同中国具体实际相结合、同中华优秀传统文化相结合，不断推进马克思主义中国化的百年历程，深化对新时代党的创新理论的理解和掌握；

（3）深入研究党不断维护党的团结、维护党中央权威和集中统一领导的百年历程，深刻领悟加强党的政治建设这个马克思主义政党的鲜明特征和政治优势；

（4）深入研究党为中国人民谋幸福、为中华民族谋复兴的百年历程，深刻认识党同人民生死相依、休戚与共的血肉联系，更好为人民谋幸福、依靠人民创造历史伟业；

（5）深入研究党加强自身建设、推进自我革命的百年历程，增强全面从严治党永远在路上的坚定和执着，确保党在新时代坚持和发展中国特色社会主义的历史进程中始终成为坚强领导核心；

（6）深入研究历史发展规律和大势，始终掌握新时代新征程党和国家事业发展的历史主动，增强锚定既定奋斗目标、意气风发走向未来的勇气和力量。

## 总结百年奋斗重大成就和历史经验 重点突出中国特色社会主义新时代

总结百年奋斗重大成就和历史经验，突出中国特色社会主义新时代这个重点。《中共中央关于党的百年奋斗重大成就和历史经验的决议》重点总结新时代党和国家事业取得的历史性成就、发生的历史性变革和积累的新鲜经验，主要考虑是，对党在新民主主义革命时期、社会主义革命和建设时期、党的十一届三中全会到党的十一届六中全会期间的历史，前两个历史决议已经作过系统总结；对改革开放和社会主义现代化建设新时期的成就和经验，党的十一届三中全会召开 20 周年、30 周年时党中央都进行了认真总结，习近平总书记在庆祝改革开放 40 周年大会上发表讲话，也作了系统总结。因此，突出中国特色社会主义新时代这个重点，有利于引导全党进一步坚定信心，聚焦我们正在做的事情，以更加昂扬的姿态迈进新征程、建功新时代。

# 百年奋斗"四个历史时期"及"四个伟大飞跃"

《中共中央关于党的百年奋斗重大成就和历史经验的决议》指出,党的百年奋斗"四个历史时期",实现了"四个伟大飞跃",即:

"夺取新民主主义革命伟大胜利"时期,实现了中国从几千年封建专制政治向人民民主的伟大飞跃;

"完成社会主义革命和推进社会主义建设"时期,实现了一穷二白、人口众多的东方大国大步迈进社会主义社会的伟大飞跃;

"进行改革开放和社会主义现代化建设"时期,推进了中华民族从站起来到富起来的伟大飞跃;

"开创中国特色社会主义新时代"时期,中华民族迎来了从站起来、富起来到强起来的伟大飞跃。

## 夺取新民主主义革命伟大胜利

"夺取新民主主义革命伟大胜利"时期,党面临的主要任务是,反对帝国主义、封建主义、官僚资本主义,争取民族独立、人民解放,为实现中华民族伟大复兴创造根本社会条件。成立中华人民共和国,实现民族独立、人民解放,实现了中国从几千年封建专制政治向人民民主的伟大飞跃;中国共产党和中国人民以英勇顽强的奋斗向世界庄严宣告,中国人民从此站起来了,中华民族任人宰割、饱受欺凌的时代一去不复返了,中国发展从此开启了新纪元。

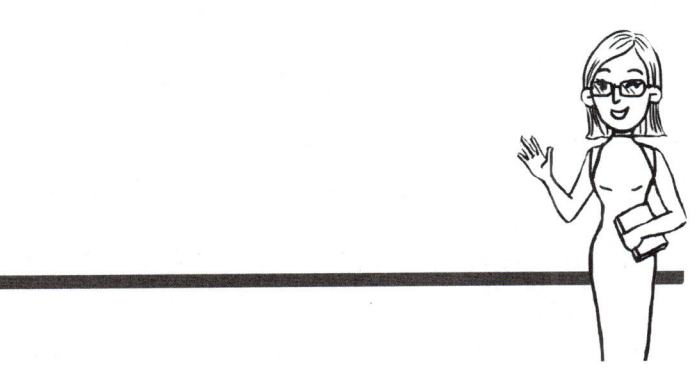

## 完成社会主义革命和推进社会主义建设

"完成社会主义革命和推进社会主义建设"时期,党面临的主要任务是,实现从新民主主义到社会主义的转变,进行社会主义革命,推进社会主义建设,为实现中华民族伟大复兴奠定根本政治前提和制度基础。这一时期党领导人民创造的伟大成就,实现了一穷二白、人口众多的东方大国大步迈进社会主义社会的伟大飞跃;中国共产党和中国人民以英勇顽强的奋斗向世界庄严宣告,中国人民不但善于破坏一个旧世界、也善于建设一个新世界,只有社会主义才能救中国,只有社会主义才能发展中国。

## 进行改革开放和社会主义现代化建设

"进行改革开放和社会主义现代化建设"新时期，党面临的主要任务是，继续探索中国建设社会主义的正确道路，解放和发展社会生产力，使人民摆脱贫困、尽快富裕起来，为实现中华民族伟大复兴提供充满新的活力的体制保证和快速发展的物质条件。这一时期党领导人民创造的伟大成就，推进了中华民族从站起来到富起来的伟大飞跃；中国共产党和中国人民以英勇顽强的奋斗向世界庄严宣告，改革开放是决定当代中国前途命运的关键一招，中国特色社会主义道路是指引中国发展繁荣的正确道路，中国大踏步赶上了时代。

## 开创中国特色社会主义新时代

"开创中国特色社会主义新时代"时期,党面临的主要任务是,实现全面建成小康社会的第一个百年奋斗目标,开启全面建成社会主义现代化强国的第二个百年奋斗目标新征程,朝着实现中华民族伟大复兴的宏伟目标继续前进。这一时期党领导人民创造的伟大成就,为实现中华民族伟大复兴提供了更为完善的制度保证、更为坚实的物质基础、更为主动的精神力量;中国共产党和中国人民以英勇顽强的奋斗向世界庄严宣告,中华民族迎来了从站起来、富起来到强起来的伟大飞跃。

## 党的百年奋斗从根本上改变了中国人民的前途命运

近代以后,中国人民深受三座大山压迫,被西方列强辱为"东亚病夫"。一百年来,党领导人民经过波澜壮阔的伟大斗争,中国人民彻底摆脱了被欺负、被压迫、被奴役的命运,成为国家、社会和自己命运的主人,人民民主不断发展,14亿多人口实现全面小康,中国人民对美好生活的向往不断变为现实。今天,中国人民更加自信、自立、自强,极大增强了志气、骨气、底气,在历史进程中积累的强大能量充分爆发出来,焕发出前所未有的历史主动精神、历史创造精神,正在信心百倍书写着新时代中国发展的伟大历史。

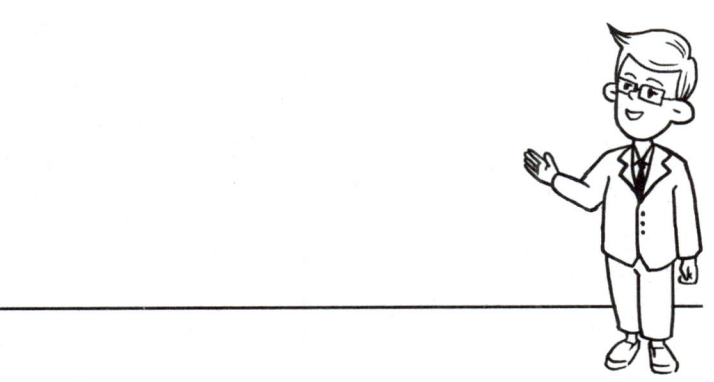

## 党的百年奋斗开辟了实现中华民族伟大复兴的正确道路

近代以后,创造了灿烂文明的中华民族遭遇到文明难以赓续的深重危机,呈现在世界面前的是一派衰败凋零的景象。一百年来,党领导人民不懈奋斗、不断进取,成功开辟了实现中华民族伟大复兴的正确道路。中国从四分五裂、一盘散沙到高度统一、民族团结,从积贫积弱、一穷二白到全面小康、繁荣富强,从被动挨打、饱受欺凌到独立自主、坚定自信,仅用几十年时间就走完发达国家几百年走过的工业化历程,创造了经济快速发展和社会长期稳定两大奇迹。今天,中华民族向世界展现的是一派欣欣向荣的气象,巍然屹立于世界东方。

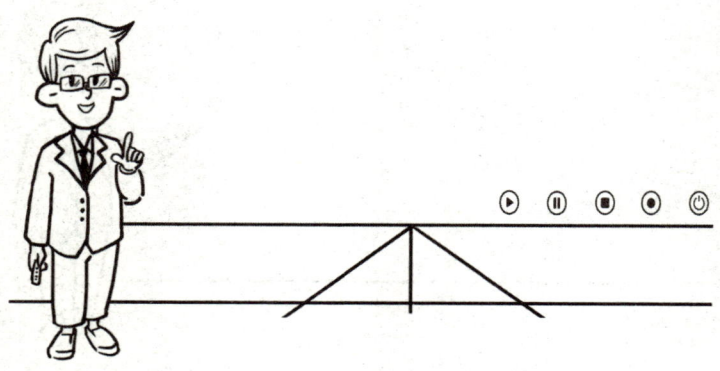

## 党的百年奋斗展示了马克思主义的强大生命力

马克思主义揭示了人类社会发展规律，是认识世界、改造世界的科学真理。同时，坚持和发展马克思主义，从理论到实践都需要全世界的马克思主义者进行极为艰巨、极具挑战性的努力。一百年来，党坚持把马克思主义写在自己的旗帜上，不断推进马克思主义中国化时代化，用博大胸怀吸收人类创造的一切优秀文明成果，用马克思主义中国化的科学理论引领伟大实践。马克思主义的科学性和真理性在中国得到充分检验，马克思主义的人民性和实践性在中国得到充分贯彻，马克思主义的开放性和时代性在中国得到充分彰显。马克思主义中国化时代化不断取得成功，使马克思主义以崭新形象展现在世界上，使世界范围内社会主义和资本主义两种意识形态、两种社会制度的历史演进及其较量发生了有利于社会主义的重大转变。

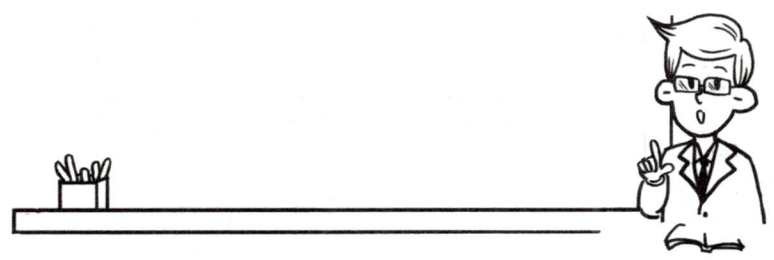

## 党的百年奋斗深刻影响了世界历史进程

党和人民事业是人类进步事业的重要组成部分。一百年来,党既为中国人民谋幸福、为中华民族谋复兴,也为人类谋进步、为世界谋大同,以自强不息的奋斗深刻改变了世界发展的趋势和格局。党领导人民成功走出中国式现代化道路,创造了人类文明新形态,拓展了发展中国家走向现代化的途径,给世界上那些既希望加快发展又希望保持自身独立性的国家和民族提供了全新选择。党推动构建人类命运共同体,为解决人类重大问题,建设持久和平、普遍安全、共同繁荣、开放包容、清洁美丽的世界贡献了中国智慧、中国方案、中国力量,成为推动人类发展进步的重要力量。

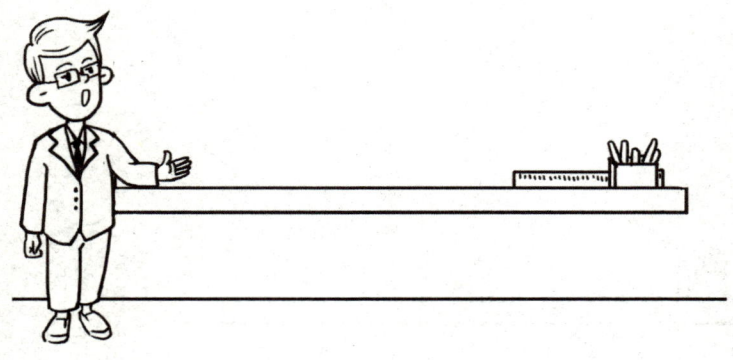

## 党的百年奋斗锻造了走在时代前列的中国共产党

党成立时只有50多名党员,今天已成为拥有9500多万名党员、领导着14亿多人口大国、具有重大全球影响力的世界第一大执政党。一百年来,党坚持性质宗旨,坚持理想信念,坚守初心使命,勇于自我革命,在生死斗争和艰苦奋斗中经受住各种风险考验、付出巨大牺牲,锤炼出鲜明政治品格,形成了以伟大建党精神为源头的精神谱系,保持了党的先进性和纯洁性,党的执政能力和领导水平不断提高,正领导中国人民在中国特色社会主义道路上不可逆转地走向中华民族伟大复兴,无愧为伟大光荣正确的党。

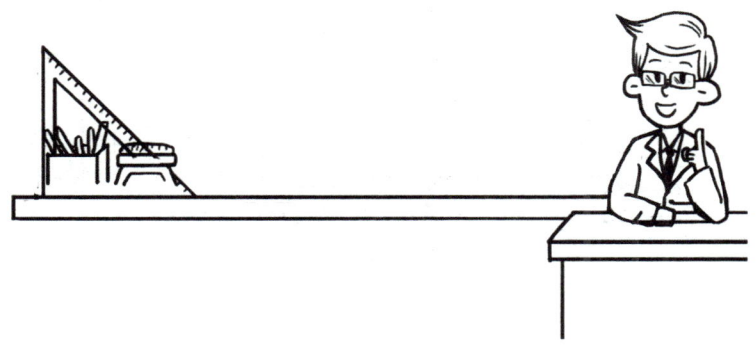

## 党的百年奋斗的"十条历史经验"

　　《中共中央关于党的百年奋斗重大成就和历史经验的决议》，概括了百年奋斗具有根本性和长远指导意义的十条历史经验，即坚持党的领导、坚持人民至上、坚持理论创新、坚持独立自主、坚持中国道路、坚持胸怀天下、坚持开拓创新、坚持敢于斗争、坚持统一战线、坚持自我革命。

　　这十条历史经验是系统完整、相互贯通的有机整体，揭示了党和人民事业不断成功的根本保证，揭示了党始终立于不败之地的力量源泉，揭示了党始终掌握历史主动的根本原因，揭示了党永葆先进性和纯洁性、始终走在时代前列的根本途径。强调这十条历史经验，是经过长期实践积累的宝贵经验，是党和人民共同创造的精神财富，必须倍加珍惜、长期坚持，并在新时代实践中不断丰富和发展。

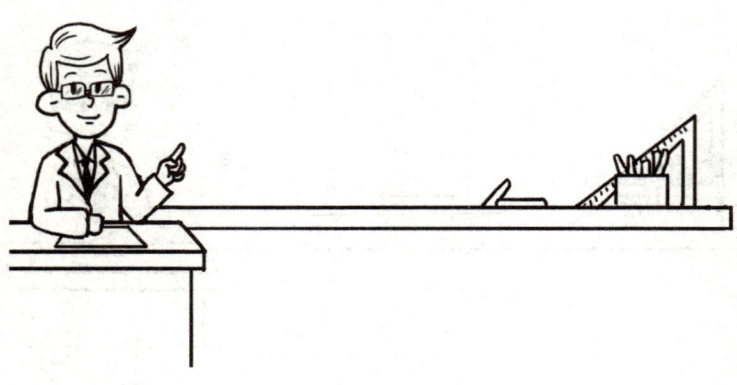

第二章

# 以实现中华民族伟大复兴为己任

## 共产主义是共产党人的最高理想

我们党之所以叫共产党,就是因为我们党以实现共产主义的社会制度为自己奋斗的最终目标。党章开宗明义:"党的最高理想和最终目标是实现共产主义。"共产主义代表了人类未来发展的必然趋势,表达了人们对未来社会的美好构想,是共产党人的最高理想。

对马克思主义的信仰,对社会主义和共产主义的信念,是共产党人的政治灵魂,是共产党人经受任何考验的精神支柱。坚定理想信念,是事关马克思主义政党、社会主义国家的精神力量和前途命运的根本问题。坚持不忘初心、继续前进,就要牢记我们党从成立起就把为共产主义、社会主义而奋斗确定为自己的纲领,坚定共产主义远大理想和中国特色社会主义共同理想,不断把为崇高理想奋斗的伟大实践推向前进。

党章指出:"中国共产党人追求的共产主义最高理想,只有在社会主义社会充分发展和高度发达的基础上才能实现。社会主义制度的发展和完善是一个长期的历史过程。"实现共产主义是共产党人的最高理想,这是一个漫长的过程,需要一代又一代人接力奋斗。在当代中国,坚持和发展中国特色社会主义,就是向着最高理想进行实实在在的努力,要把理想信念教育作为思想建设的战略任务,保持全党在理想追求上的政治定力,自觉做共产主义远大理想和中国特色社会主义共同理想的坚定信仰者、忠实实践者,在实现中华民族伟大复兴中国梦的历史进程中充分发挥先锋模范作用,以实现中华民族伟大复兴为己任。

## 中国共产党是最高纲领和最低纲领的统一论者

共产主义是共产党人的理想信念和精神支柱，实现共产主义是无产阶级政党的最高纲领。但共产主义的实现是一个历史过程，需要通过若干阶段的具体目标，有步骤、分阶段地向前推进共产主义宏伟事业。在每个不同的发展阶段，都需要提出符合实际的理论、路线、方针、政策和策略，形成阶段性的行动纲领。中国共产党制定的民主革命的纲领、向社会主义过渡的纲领、建设中国特色社会主义的纲领，都是党在特定历史阶段的最低纲领。在革命、建设和改革的各个历史阶段中，我们党既有每个阶段的基本纲领即最低纲领，也有确定长远奋斗目标的最高纲领。我们是最低纲领与最高纲领的统一论者。

最高纲领与最低纲领既有区别，又有联系，辩证统一于为实现共产主义奋斗的全部历史过程。共产主义既是一个伟大的社会理想和科学的理论体系，又是一个现实的运动。我们今天进行的社会主义建设，归根结底都是在为共产主义的实现创造条件。最高纲领为最低纲领的制定指明前进方向；最低纲领为最高纲领的实现准备必要的条件。坚持最高纲领与最低纲领的统一，就是坚持理想与现实的统一，方向和道路的统一，目的和过程的统一，不断发展和发展阶段的统一，革命精神和科学态度的统一。

科学阐明和正确处理最高纲领和最低纲领之间的辩证统一关系，是中国共产党在理论上政治上清醒和成熟的重要标志。实践最低纲领不是也不能只顾眼前忘记远大理想。忘记远大理想而只顾眼前，就会失去前进方向。在整个社会主义初级阶段，我们必须坚持最低纲领与最高纲领的统一，毫不动摇地贯彻党在社会主义初级阶段的基本路线，致力于实现党在现阶段的基本纲领，不断把中国特色社会主义事业向着未来推进。

## 中国梦是中华民族近代以来最伟大的梦想

2012年11月29日,党的十八大闭幕不久,习近平总书记率中央政治局常委和中央书记处的同志来到国家博物馆,参观《复兴之路》展览。习近平总书记深情指出:"现在,大家都在讨论中国梦,我以为,实现中华民族伟大复兴,就是中华民族近代以来最伟大的梦想。"①

中华民族的昨天,可以说是"雄关漫道真如铁";中华民族的今天,可以说是"人间正道是沧桑";中华民族的明天,可以说是"长风破浪会有时"。中国梦,反映了近代以来一代又一代中国人的美好夙愿,进一步揭示了中华民族的历史命运和当代中国的发展走向,指明了全党全国各族人民共同的奋斗目标。这一重要战略思想,是以习近平同志为核心的党中央对全体人民的庄严承诺,是党和国家面向未来的政治宣言,充分体现了我们党高度的历史担当和使命追求,为坚持和发展中国特色社会主义注入了崭新内涵。

---

① 《习近平谈治国理政》,外文出版社2014年版,第36页。

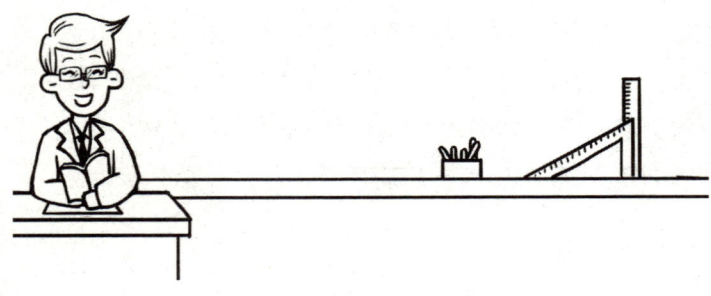

## 中国梦的本质是国家富强、民族振兴、人民幸福

实现中华民族伟大复兴的中国梦不仅凝聚了几代中国人的理想夙愿，而且集中体现了中华民族和中国人民的最高利益和根本利益。习近平总书记指出："中国梦的本质是国家富强、民族振兴、人民幸福"[①]，是"中华民族的最高利益和根本利益"。这个梦想，把国家的追求、民族的向往、人民的期盼融为一体，体现了中华民族和中国人民的整体利益，表达了每一个中华儿女的共同愿景。正因为如此，中国梦具有广泛的包容性，成为回荡在14亿多人心中的高昂旋律，是中华民族团结奋斗的最大公约数。

实现中国梦意味着必须实现国家富强。国家富强既体现为国家经济实力强、科技实力强、国防实力强等"硬实力"方面的"富强"，又体现为国民素质高、民族凝聚力强、文化创新力强、国际影响力强等"软实力"方面的"富强"。习近平总书记指出，"实现中华民族伟大复兴，需要物质文明极大发展，也需要精神文明极大发展"[②]，"一个民族的复兴需要强大的物质力量，也需要强大的精神力量。没有先进文化的积极引领，没有人民精神世界的极大丰富，没有民族精神力量的不断增强，一个国家、一个民族不可能屹立于世界民族之林"[③]。

实现中国梦意味着必须实现民族振兴。民族振兴在不同的历史时期有着不同的内涵要求。在革命战争年代，民族振兴主要体现为实现民族独立和人民解放；在社会主义建设和改革开放时期，民族振兴主要体现为中华民族在经济、政治、文化、社会、生态文明等各方面的发展和进步。我们今天强调实现民族振兴，主要是指在中国共产党领导下通过自

---

① 《习近平谈治国理政》，外文出版社2014年版，第56页。
② 习近平：《在中国文联十大、中国作协九大开幕式上的讲话》，人民出版社2016年版，第3页。
③ 习近平：《在文艺工作座谈会上的讲话》，人民出版社2015年版，第5页。

力更生、艰苦奋斗，推进新时代中国特色社会主义伟大事业，实现中华民族伟大复兴的战略目标和远大追求。

实现中国梦意味着必须实现人民幸福。习近平总书记指出，"实现中国梦，就是要实现人民幸福"①"中国梦最根本的是实现中国人民的美好生活"②。这集中体现了我们党全心全意为人民服务的根本宗旨，体现了我们党"立党为公、执政为民"的执政理念。中国梦归根到底是人民的梦。人民是中国梦的主体，是中国梦的创造者和享有者。实现中华民族伟大复兴，不是哪一个人、哪一部分人的梦想，而是全体中国人民共同的追求；中国梦的实现，不是成就哪一个人、哪一部分人，而是造福全体中国人民。因此，中国梦的深厚源泉在人民，中国梦的根本归宿也在人民。

---

① 《十八大以来重要文献选编》（中），中央文献出版社2016年版，第720页。
② 《习近平接受〈华尔街日报〉采访：坚持构建中美新型大国关系正确方向　促进亚太地区和世界和平稳定发展》，《人民日报》2015年9月23日。

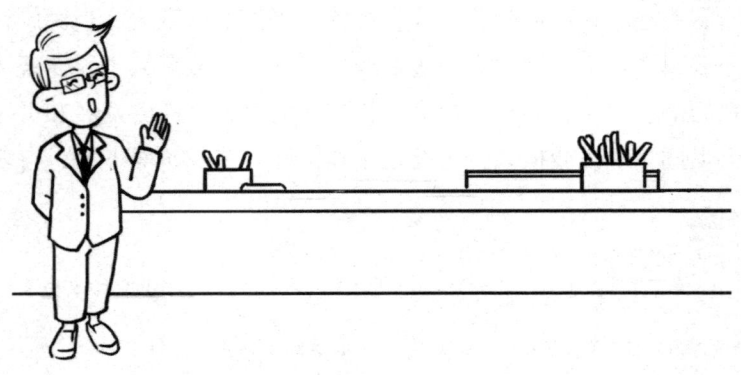

## "两个一百年"的奋斗目标

党的十五大报告首次提出"两个一百年"奋斗目标:"到中国共产党成立一百年时,使国民经济更加发展,各项制度更加完善;到下世纪中叶新中国成立一百年时,基本实现现代化,建成富强民主文明的社会主义国家。"此后,党的十六大、十七大均对"两个一百年"奋斗目标作了强调和安排。党的十八大描绘了全面建成小康社会、加快推进社会主义现代化的宏伟蓝图,向中国人民发出了向实现"两个一百年"奋斗目标进军的时代号召。"两个一百年"自此成为一个固定关键词,成为全国各族人民共同的奋斗目标。

党的十九大对实现第二个百年奋斗目标作出分两个阶段推进的战略安排。从2020年到2035年基本实现社会主义现代化,从2035年到本世纪中叶把我国建成富强民主文明和谐美丽的社会主义现代化强国。到那时,我国物质文明、政治文明、精神文明、社会文明、生态文明将全面提升,实现国家治理体系和治理能力现代化,成为综合国力和国际影响力领先的国家,全体人民共同富裕基本实现,我国人民将享有更加幸福安康的生活,中华民族将以更加昂扬的姿态屹立于世界民族之林。

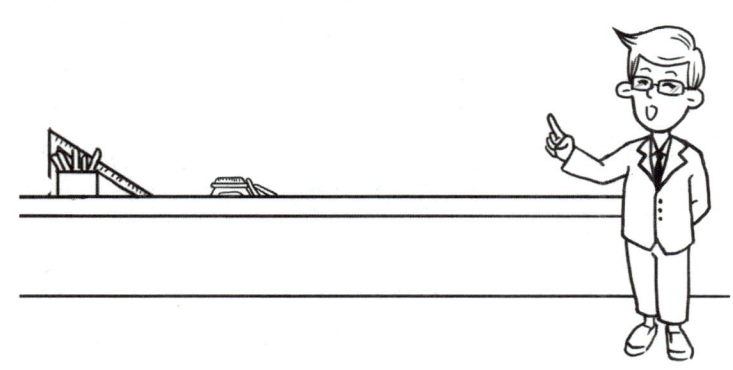

## "归结起来就是一个主题：实现中华民族伟大复兴"

中国共产党一经诞生，就把为中国人民谋幸福、为中华民族谋复兴确立为自己的初心使命。2017年10月18日，习近平总书记在党的十九大报告中指出，实现中华民族伟大复兴是近代以来中华民族最伟大的梦想。习近平总书记在庆祝中国共产党成立100周年大会上的讲话中进一步指出，一百年来，中国共产党团结带领中国人民进行的一切奋斗、一切牺牲、一切创造，归结起来就是一个主题：实现中华民族伟大复兴。

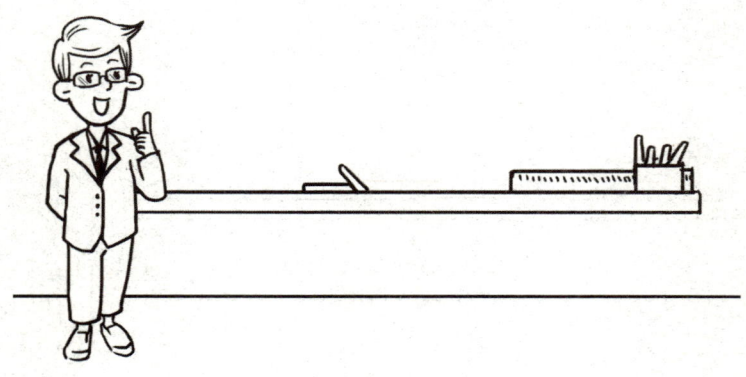

## 实现中华民族伟大复兴的三大里程碑

2018年12月18日,习近平在庆祝改革开放40周年大会上的讲话中指出,建立中国共产党、成立中华人民共和国、推进改革开放和中国特色社会主义事业,是五四运动以来我国发生的三大历史性事件,是近代以来实现中华民族伟大复兴的三大里程碑。深刻理解和把握三大里程碑这一重大论断,对于进一步深入学习党史、新中国史、改革开放史、社会主义发展史,凝聚实现中华民族伟大复兴的强大正能量,具有十分重要的意义。

建立中国共产党,这是开天辟地的大事变。中国共产党的建立,深刻改变了近代以来中华民族发展的方向和进程,深刻改变了中国人民和中华民族的前途和命运,深刻改变了世界发展的趋势和格局。自从有了中国共产党,中国革命的面貌焕然一新,中国人民的命运、中华民族的命运焕然一新。建立中国共产党,之所以是近代以来实现中华民族伟大复兴的重要里程碑,是因为建立中国共产党使得中华民族伟大复兴的事业有了马克思主义作为指导思想、有了中国共产党这个坚强领导核心。

成立中华人民共和国,开辟了中华民族走向复兴的历史新纪元。1949年,中华人民共和国成立,中华民族赢得了历史性的新生。成立中华人民共和国,之所以是近代以来实现中华民族伟大复兴的重要里程碑,是因为成立中华人民共和国,确立社会主义基本制度,使得人民真正当家作主,为当代中国一切发展进步、为中华民族走向伟大复兴奠定了根本政治前提和制度基础。

推进改革开放和中国特色社会主义事业,中华民族迎来了实现伟大复兴的光明前景。推进改革开放和中国特色社会主义事业,之所以是近代以来实现中华民族伟大复兴的重要里程碑,是因为推进改革开放,建设中国特色社会主义事业,开辟了中华民族走向伟大复兴的正确道路,使得中华民族比历史上任何时期都更接近中华民族伟大复兴的目标,中华民族就迎来了实现伟大复兴的光明前景。

　　三大巍然屹立的重要里程碑,昭示了近代以来中国历史发展的基本结论:中国共产党是实现中华民族伟大复兴的领导力量,中华人民共和国是实现中华民族伟大复兴的根本保证,中国特色社会主义是实现中华民族伟大复兴的康庄大道。

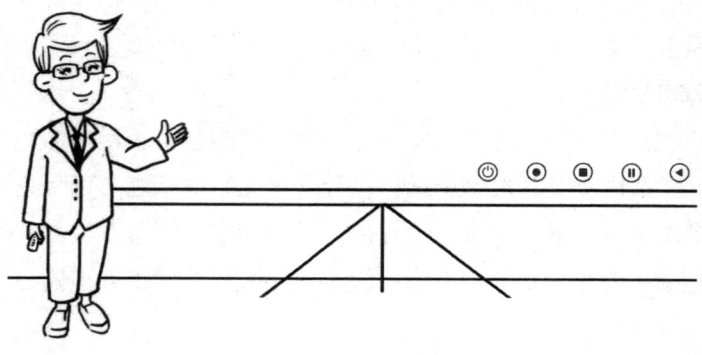

## 为实现中华民族伟大复兴创造根本社会条件

党的十九届六中全会通过的《中共中央关于党的百年奋斗重大成就和历史经验的决议》指出：新民主主义革命时期，党面临的主要任务是，反对帝国主义、封建主义、官僚资本主义，争取民族独立、人民解放，"为实现中华民族伟大复兴创造根本社会条件"。

为了实现中华民族伟大复兴，中国共产党团结带领中国人民，浴血奋战、百折不挠，创造了新民主主义革命的伟大成就。我们经过北伐战争、土地革命战争、抗日战争、解放战争，以武装的革命反对武装的反革命，推翻帝国主义、封建主义、官僚资本主义三座大山，建立了人民当家作主的中华人民共和国，实现了民族独立、人民解放。新民主主义革命的胜利，彻底结束了旧中国半殖民地半封建社会的历史，彻底结束了旧中国一盘散沙的局面，彻底废除了列强强加给中国的不平等条约和帝国主义在中国的一切特权，为实现中华民族伟大复兴创造了根本社会条件。中国共产党和中国人民以英勇顽强的奋斗向世界庄严宣告，中国人民站起来了，中华民族任人宰割、饱受欺凌的时代一去不复返了，中国发展从此开启了新纪元！

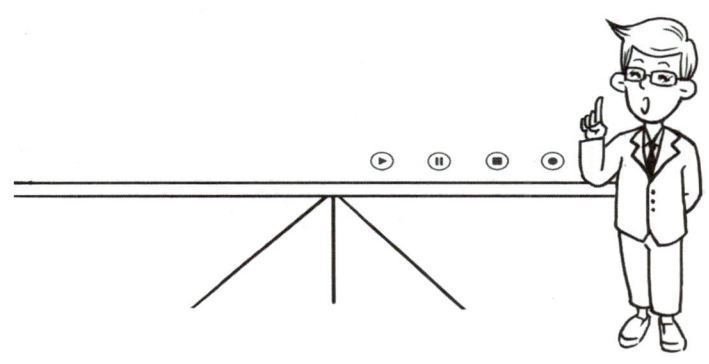

## 为实现中华民族伟大复兴奠定根本政治前提和制度基础

　　党的十九届六中全会通过的《中共中央关于党的百年奋斗重大成就和历史经验的决议》指出：社会主义革命和建设时期，党面临的主要任务是，实现从新民主主义到社会主义的转变，进行社会主义革命，推进社会主义建设，"为实现中华民族伟大复兴奠定根本政治前提和制度基础"。

　　为了实现中华民族伟大复兴，中国共产党团结带领中国人民，自力更生、发愤图强，创造了社会主义革命和建设的伟大成就。我们进行社会主义革命，消灭在中国延续几千年的封建剥削压迫制度，确立社会主义基本制度，推进社会主义建设，战胜帝国主义、霸权主义的颠覆破坏和武装挑衅，实现了中华民族有史以来最为广泛而深刻的社会变革，实现了一穷二白、人口众多的东方大国大步迈进社会主义社会的伟大飞跃，为实现中华民族伟大复兴奠定了根本政治前提和制度基础。中国共产党和中国人民以英勇顽强的奋斗向世界庄严宣告，中国人民不但善于破坏一个旧世界、也善于建设一个新世界，只有社会主义才能救中国，只有社会主义才能发展中国！

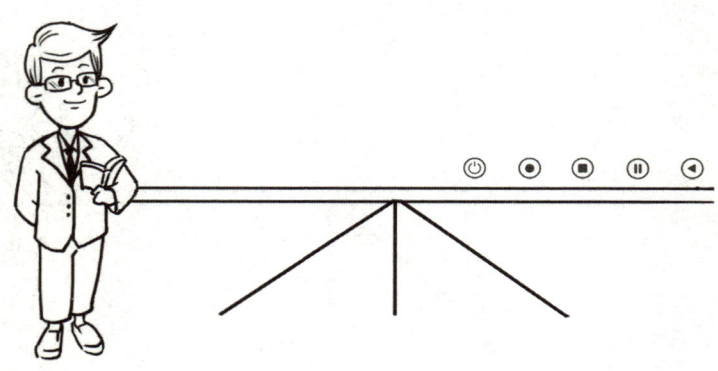

## 为实现中华民族伟大复兴
## 提供充满新的活力的体制保证和快速发展的物质条件

党的十九届六中全会通过的《中共中央关于党的百年奋斗重大成就和历史经验的决议》指出：改革开放和社会主义现代化建设新时期，党面临的主要任务是，继续探索中国建设社会主义的正确道路，解放和发展社会生产力，使人民摆脱贫困、尽快富裕起来，"为实现中华民族伟大复兴提供充满新的活力的体制保证和快速发展的物质条件"。

为了实现中华民族伟大复兴，中国共产党团结带领中国人民，解放思想、锐意进取，创造了改革开放和社会主义现代化建设的伟大成就。我们实现新中国成立以来党的历史上具有深远意义的伟大转折，确立党在社会主义初级阶段的基本路线，坚定不移推进改革开放，战胜来自各方面的风险挑战，开创、坚持、捍卫、发展中国特色社会主义，实现了从高度集中的计划经济体制到充满活力的社会主义市场经济体制、从封闭半封闭到全方位开放的历史性转变，实现了从生产力相对落后的状况到经济总量跃居世界第二的历史性突破，实现了人民生活从温饱不足到总体小康、奔向全面小康的历史性跨越，为实现中华民族伟大复兴提供了充满新的活力的体制保证和快速发展的物质条件。中国共产党和中国人民以英勇顽强的奋斗向世界庄严宣告，改革开放是决定当代中国前途命运的关键一招，中国特色社会主义道路是指引中国发展繁荣的正确道路，中国大踏步赶上了时代！

## 为实现中华民族伟大复兴提供更为完善的制度保证、更为坚实的物质基础、更为主动的精神力量

党的十九届六中全会通过的《中共中央关于党的百年奋斗重大成就和历史经验的决议》指出：党的十八大以来，中国特色社会主义进入新时代。党面临的主要任务是，实现第一个百年奋斗目标，开启实现第二个百年奋斗目标新征程，朝着实现中华民族伟大复兴的宏伟目标继续前进。

为了实现中华民族伟大复兴，中国共产党团结带领中国人民，自信自强、守正创新，统揽伟大斗争、伟大工程、伟大事业、伟大梦想，创造了新时代中国特色社会主义的伟大成就。党的十八大以来，中国特色社会主义进入新时代，我们坚持和加强党的全面领导，统筹推进"五位一体"总体布局、协调推进"四个全面"战略布局，坚持和完善中国特色社会主义制度、推进国家治理体系和治理能力现代化，坚持依规治党、形成比较完善的党内法规体系，战胜一系列重大风险挑战，实现第一个百年奋斗目标，明确实现第二个百年奋斗目标的战略安排，党和国家事业取得历史性成就、发生历史性变革，为实现中华民族伟大复兴提供了更为完善的制度保证、更为坚实的物质基础、更为主动的精神力量。中国共产党和中国人民以英勇顽强的奋斗向世界庄严宣告，中华民族迎来了从站起来、富起来到强起来的伟大飞跃，实现中华民族伟大复兴进入了不可逆转的历史进程！

## 在中华大地上全面建成了小康社会

改革开放之初,邓小平首先用小康来诠释中国式现代化,明确提出到二十世纪末"在中国建立一个小康社会"的奋斗目标。在全党全国各族人民努力下,这个目标在二十世纪末如期实现,人民生活总体上达到了小康水平。在这个基础上,党的十六大提出二十一世纪头 20 年全面建设惠及十几亿人口的更高水平的小康社会的奋斗目标。党的十六大以来,我们党扭住这个奋斗目标,一茬接着一茬干,一棒接着一棒跑,全面建设小康社会取得了显著成绩。

党的十八大以来,我国发展进入新的历史方位,全面建成小康社会、实现第一个百年奋斗目标进入关键阶段。以习近平同志为核心的党中央把全面建成小康社会放在"四个全面"战略布局的首位,把脱贫攻坚作为全面建成小康社会的底线任务和标志性指标,吹响了决战决胜的冲锋号。经过 8 年持续奋斗,我国经济实力、科技实力、综合国力和人民生活水平跃上了新的大台阶。2020 年我国国内生产总值超过 100 万亿元,人均国内生产总值超过 1 万美元,8 年来现行标准下 9899 万农村贫困人口全部脱贫,三大攻坚战取得决定性成就,城镇化率超过 60%,中等收入群体超过 4 亿人,千百年来困扰中华民族的绝对贫困问题历史性地画上句号,在中华大地上全面建成了小康社会,中华民族伟大复兴向前迈出了新的一大步。

在庆祝中国共产党成立 100 周年大会上,习近平总书记代表党和人民庄严宣告:经过全党全国各族人民持续奋斗,我们实现了第一个百年奋斗目标,在中华大地上全面建成了小康社会,历史性地解决了绝对贫困问题,正在意气风发向着全面建成社会主义现代化强国的第二个百年奋斗目标迈进。这是中华民族的伟大光荣!这是中国人民的伟大光荣!这是中国共产党的伟大光荣!全面建成小康社会,实现第一个百年奋斗目标,是我们迈向中华民族伟大复兴的关键一步,在中国共产党奋斗史、新中国发展史、中华民族文明史上都具有里程碑意义。

## 实现中华民族伟大复兴进入了不可逆转的历史进程

习近平总书记在纪念辛亥革命110周年大会上的讲话中指出：辛亥革命先驱对中华民族发展的美好憧憬，近代以来中国人民梦寐以求并为之奋斗的伟大梦想已经或正在成为现实，中华民族迎来了从站起来、富起来到强起来的伟大飞跃，中华民族伟大复兴进入了不可逆转的历史进程！党的十九届六中全会通过的《中共中央关于党的百年奋斗重大成就和历史经验的决议》进一步指出：中国共产党"正领导中国人民在中国特色社会主义道路上不可逆转地走向中华民族伟大复兴"；"今天，我们比历史上任何时期都更接近、更有信心和能力实现中华民族伟大复兴的目标"。

一百年来，党领导人民浴血奋战、百折不挠，创造了新民主主义革命的伟大成就；自力更生、发愤图强，创造了社会主义革命和建设的伟大成就；解放思想、锐意进取，创造了改革开放和社会主义现代化建设的伟大成就；自信自强、守正创新，创造了新时代中国特色社会主义的伟大成就。"四个伟大成就"推动中华民族伟大复兴进入了不可逆转的历史进程。

不可逆转的历史进程具有丰富内涵，主要是：不可逆转的历史进程意味着社会主义中国将在自己开创的道路上昂首阔步走下去；不可逆转的历史进程意味着中国人民必将迈向共同富裕的幸福未来；不可逆转的历史进程意味着中华民族必将始终屹立于世界民族之林并不断创造新的历史辉煌；不可逆转的历史进程意味着科学社会主义必将焕发更强大生机；不可逆转的历史进程意味着中国共产党将继续同一切爱好和平的国家和人民一道，推动历史车轮向着光明的目标前进。

## 新时代中国共产党的历史使命

"四个伟大"是新时代中国共产党的历史使命。实现中华民族伟大复兴是近代以来中华民族最伟大的梦想。实现伟大梦想,必须进行伟大斗争;实现伟大梦想,必须建设伟大工程;实现伟大梦想,必须推进伟大事业。

与"伟大梦想"紧密相关的党的奋斗目标,是我国改革开放以来每次党代会都要特别明确强调和确立的,它要回答"担负什么样的历史使命、实现什么样的奋斗目标"的根本问题,具有目标引领作用。作为"伟大事业"的中国特色社会主义,是我国改革开放以来每次党代会都确立的主题,它要回答"举什么旗、走什么路"的根本问题,具有举旗定向作用。作为新的"伟大工程"的推进党的建设,是我国改革开放以来每次党代会都要彻底强调的,它要回答"提供什么样的领导力量"的根本问题,具有政治保证作用。作为与"伟大斗争"紧密相连的精神状态,是我国改革开放以来每次党代会都要鲜明强调的,它要回答"以什么样的精神状态"的根本问题,具有滋养斗志作用。

伟大斗争,伟大工程,伟大事业,伟大梦想,紧密联系、相互贯通、相互作用,其中起决定性作用的是党的建设新的伟大工程。推进伟大工程,要结合伟大斗争、伟大事业、伟大梦想的实践来进行,确保党在世界形势深刻变化的历史进程中始终走在时代前列,在应对国内外各种风险和考验的历史进程中始终成为全国人民的主心骨,在坚持和发展中国特色社会主义的历史进程中始终成为坚强领导核心。

## 实现中华民族伟大复兴,必须走中国道路

实现中国梦必须走中国道路,这就是中国特色社会主义道路。中国特色社会主义是实现中华民族伟大复兴的唯一正确道路。中国特色社会主义这条道路来之不易,它是在改革开放40多年的伟大实践中走出来的,是在中华人民共和国成立70多年的持续探索中走出来的,是在对近代以来180多年中华民族发展历程的深刻总结中走出来的,是在对中华民族5000多年悠久文明的传承中走出来的,也是科学社会主义理论逻辑和中国社会发展历史逻辑的辩证统一,具有深厚的历史渊源和广泛的现实基础。历史和现实充分证明,无论是封闭僵化的老路,还是改旗易帜的邪路,都是绝路、死路。只有中国特色社会主义道路才能发展中国、稳定中国,这是一条通往复兴梦想的康庄大道、人间正道。中国特色社会主义道路符合中国实际、反映中国人民意愿、适应时代发展要求,不仅走得对、走得通,而且也一定能够走得稳、走得好。要增强对中国特色社会主义的道路自信、理论自信、制度自信、文化自信,坚定不移沿着正确的中国道路奋勇前进。

## 实现中华民族伟大复兴，必须弘扬中国精神

实现中国梦必须弘扬中国精神，这就是以爱国主义为核心的民族精神和以改革创新为核心的时代精神。伟大的梦想，需要伟大的精神作支撑。没有振奋的精神、没有高尚的品格、没有坚定的志向，一个民族不可能自立于世界民族之林。实现中国梦，要求我们不仅在物质上强大起来，而且在精神上强大起来。中华文明生生不息，中国精神薪火相传。以爱国主义为核心的民族精神和以改革创新为核心的时代精神，是凝心聚力的兴国之魂、强国之魂。爱国主义是中华民族的精神基因，维系着华夏大地上各个民族的团结统一，激励着一代又一代中华儿女为祖国发展繁荣而不懈奋斗；改革创新体现了中华民族最深沉的民族禀赋，反映了当代中国发展进步的要求，始终是鞭策我们在改革开放中与时俱进的精神力量。要弘扬伟大的民族精神和时代精神，不断振奋全民族的精气神，不断增强团结一心的精神纽带、自强不息的精神动力，永远朝气蓬勃迈向未来。

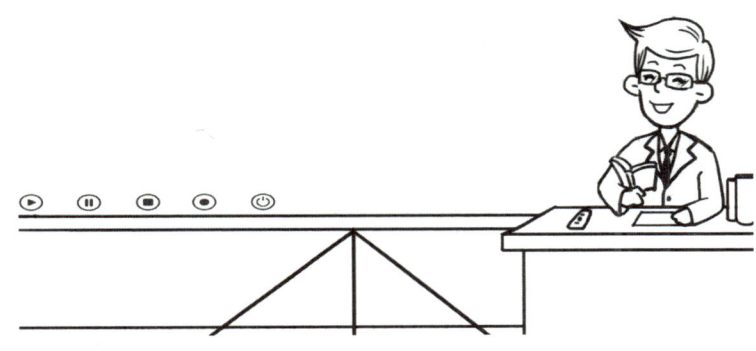

## 实现中华民族伟大复兴，必须凝聚中国力量

实现中国梦必须凝聚中国力量，这就是全国各族人民大团结的力量。我国56个民族都是中华民族大家庭的平等一员，共同构成了你中有我、我中有你、谁也离不开谁的中华民族命运共同体。实现中华民族伟大复兴的中国梦是各民族共同的梦，也是各民族自己的梦。中华民族一家亲，同心共筑中国梦。各族人民大团结的力量，是克服各种困难、战胜风险挑战的决定性因素。只要我们紧密团结，万众一心，为实现共同梦想而奋斗，实现梦想的力量就无比强大，我们每个人为实现自己梦想而努力就拥有广阔的空间。生活在我们伟大祖国和伟大时代的中国人民，共同享有人生出彩的机会，共同享有梦想成真的机会，共同享有同祖国和时代一起成长与进步的机会。全国各族人民一定要牢记使命，心往一处想，劲往一处使，用14亿多人的智慧和力量汇集起不可战胜的磅礴力量。

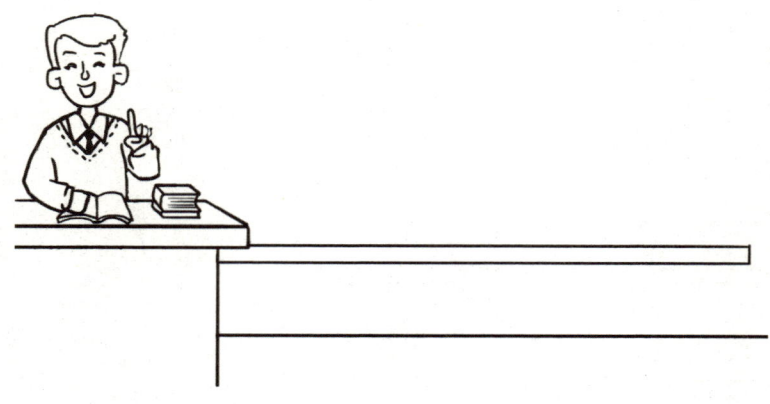

## 实现伟大梦想，必须进行伟大斗争

实现中国梦必须进行伟大斗争。马克思主义认为，人类社会是在矛盾运动中前进的，有矛盾就会有斗争。当前，世界大变局加速深刻演变，全球动荡源和风险点增多，外部环境复杂严峻；我国在政治、意识形态、经济、科技、社会、党的建设等领域都面临重大风险挑战。习近平总书记指出："发展中国特色社会主义是一项长期而艰巨的历史任务，必须准备进行具有许多新的历史特点的伟大斗争。"① 在中国特色社会主义新时代，我们要积极主动地进行具有许多新的历史特点的伟大斗争，坚决同那些削弱、歪曲、否定党的领导和我国社会主义制度的言行进行斗争，坚决同那些损害人民利益、脱离群众的行为进行斗争，坚决同那些顽瘴痼疾进行斗争，坚决同那些分裂祖国、破坏民族团结和社会和谐稳定的行为进行斗争，坚决同那些在政治、经济、文化、社会等领域和自然界出现的困难和挑战进行斗争。要充分认识中国特色社会主义新时代进行伟大斗争的长期性、复杂性和艰巨性，不断提高斗争本领，夺取新时代伟大斗争的新胜利。

---

① 《习近平谈治国理政》第 2 卷，外文出版社 2017 年版，第 222 页。

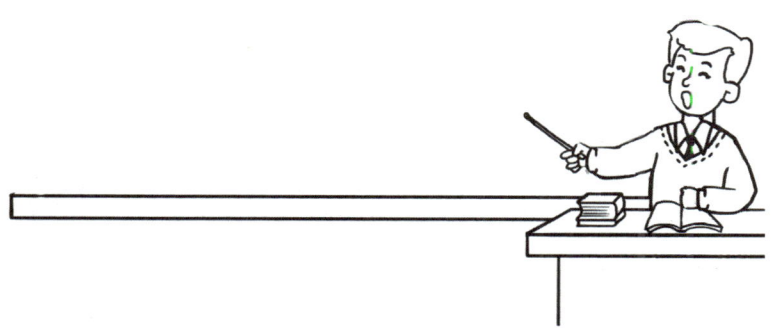

## 实现伟大梦想，必须建设伟大工程

实现中国梦必须建设伟大工程。这个伟大工程，就是我们正在深入推进的党的建设新的伟大工程。历史已经并将继续证明，没有中国共产党的领导，民族复兴必然是空想。历史已经反复证明，没有中国共产党的领导，实现中华民族伟大复兴就只能是空想。中国特色社会主义最本质的特征是中国共产党领导，中国特色社会主义制度的最大优势是中国共产党领导。坚持和完善党的领导，是党和国家的根本所在、命脉所在，是全国各族人民的利益所在、幸福所在。习近平总书记在党的十九大报告中指出，"党要团结带领人民进行伟大斗争、推进伟大事业、实现伟大梦想，必须毫不动摇坚持和完善党的领导，毫不动摇推进党的建设新的伟大工程，把党建设得更加坚强有力"[①]，确保党在世界形势深刻变化的历史进程中始终走在时代前列，在应对国内外各种风险和考验的历史进程中始终成为全国人民的主心骨，在坚持和发展中国特色社会主义的历史进程中始终成为坚强领导核心。我们党要始终成为时代先锋、民族脊梁，始终成为马克思主义执政党，自身必须始终过硬。要更加自觉地坚定党性原则，勇于直面问题，敢于刮骨疗毒，消除一切损害党的先进性和纯洁性的因素，清除一切侵蚀党的健康肌体的病毒，使我们党越来越成熟、越来越纯洁、越来越强大、越来越有战斗力。

---

① 《习近平谈治国理政》第 2 卷，外文出版社 2017 年版，第 63 页。

## 实现伟大梦想，必须推进伟大事业

实现中国梦必须推进伟大事业。这一伟大事业，就是坚持和发展中国特色社会主义。习近平总书记指出："中国特色社会主义是改革开放以来党的全部理论和实践的主题，是党和人民历尽千辛万苦、付出巨大代价取得的根本成就。"坚持和发展中国特色社会主义是实现中华民族伟大复兴的必然选择。中国特色社会主义道路是实现社会主义现代化、创造人民美好生活的必由之路，中国特色社会主义理论体系是指导党和人民实现中华民族伟大复兴的正确理论，中国特色社会主义制度是当代中国发展进步的根本制度保障，中国特色社会主义文化是激励全党全国各族人民奋勇前进的强大精神力量。中国特色社会主义进入新时代，全党要始终高举中国特色社会主义伟大旗帜，更加自觉地增强中国特色社会主义道路自信、理论自信、制度自信、文化自信，不懈探索和把握中国特色社会主义建设规律，保持政治定力，坚持实干兴邦，以伟大事业成就伟大梦想。

第三章

# 以习近平新时代中国特色社会主义思想为指导

## "马克思主义为什么行"

2021年7月1日,习近平总书记在庆祝中国共产党成立100周年大会上的讲话中指出,中国共产党为什么能,中国特色社会主义为什么好,"归根到底是因为马克思主义行"!

马克思主义之所以"行",是由其科学理论内涵所决定的。马克思主义主要是由哲学、政治经济学和科学社会主义三个部分组成的科学理论体系,揭示了人类社会发展的一般规律,展示了资本主义运行的特殊轨迹,从而为广大人民指明了实现自由和解放的道路,给予了无产阶级认识和改造世界的强大思想武器。其一,马克思主义哲学的科学性体现在,在实践观的基础上把唯物论第一次贯彻到历史领域,创立了历史唯物主义,科学揭示了人类社会的发展规律。其二,马克思主义政治经济学的科学性体现在,着力研究资本主义生产方式以及与之相适应的生产关系和交换关系,深刻分析资本主义生产过程及其内在矛盾,揭示了人类社会发展的一般规律。其三,科学社会主义的科学性体现在,以马克思主义的科学性为基础,既尊重社会发展的一般规律,又尊重无产阶级人民群众的历史主体地位,从而确定了符合客观规律的最终归宿——共产主义。马克思主义论证了,科学社会主义要实现社会生产力的解放,最终实现人的自我解放。

## 马克思主义之所以"行"，是由马克思主义的理论品格决定的

第一，马克思主义是科学的理论，创造性地揭示了人类社会发展规律。在马克思提出科学社会主义之前，空想社会主义者早已存在，对理想社会有很多美好的设想，但由于没有揭示社会发展规律，没有找到实现理想的有效途径，因而也就难以真正对社会发展发生作用。马克思创建了唯物史观和剩余价值学说，揭示了人类社会发展的一般规律，揭示了资本主义运行的特殊规律，为人类指明了从必然王国向自由王国飞跃的途径，为人民指明了实现自由和解放的道路。

第二，马克思主义是人民的理论，第一次创立了人民实现自身解放的思想体系。马克思主义博大精深，归根到底就是一句话，为人类求解放。在马克思主义之前，社会上占统治地位的理论都是为统治阶级服务的。马克思主义第一次站在人民的立场探求人类自由解放的道路，以科学的理论为最终建立一个没有压迫、没有剥削、人人平等、人人自由的理想社会指明了方向。马克思主义之所以具有跨越国度、跨越时代的影响力，就是因为它植根于人民之中，指明了依靠人民推动历史前进的人间正道。

第三，马克思主义是实践的理论，指引着人民改造世界的行动。马克思说，"全部社会生活在本质上是实践的"，"哲学家们只是用不同的方式解释世界，问题在于改变世界"。实践的观点、生活的观点是马克思主义认识论的基本观点，实践性是马克思主义理论区别于其他理论的显著特征。马克思主义不是书斋里的学问，而是为了改变人民历史命运而创立的，是在人民求解放的实践中形成的，也是在人民求解放的实践中丰富和发展的，为人民认识世界、改造世界提供了强大精神力量。

第四，马克思主义是不断发展的开放的理论，始终站在时代前沿。

马克思一再告诫人们,马克思主义理论不是教条,而是行动指南,必须随着实践的变化而发展。一部马克思主义发展史就是马克思、恩格斯以及他们的后继者们不断根据时代、实践、认识发展而发展的历史,是不断吸收人类历史上一切优秀思想文化成果丰富自己的历史。因此,马克思主义能够永葆美妙青春,不断探索时代发展提出的新课题、回应人类社会面临的新挑战。

马克思主义之所以行,是因其以中国实际为中心实现了新发展。正如习近平总书记指出的:中国共产党坚持马克思主义基本原理,坚持实事求是,从中国实际出发,洞察时代大势,把握历史主动,进行艰辛探索,不断推进马克思主义中国化时代化,指导中国人民不断推进伟大社会革命。

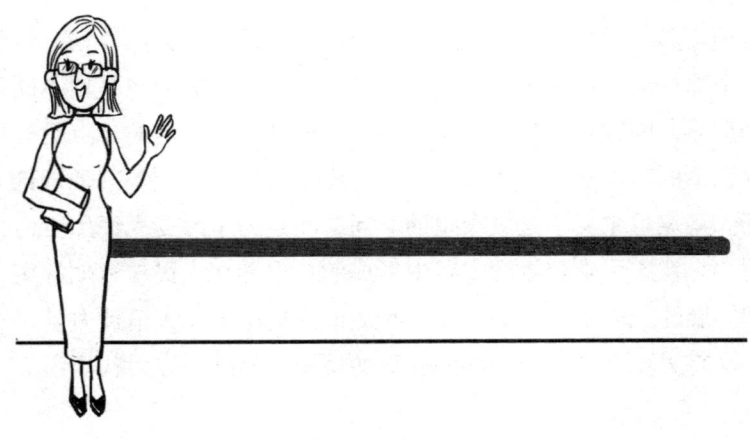

## 毛泽东思想是马克思主义中国化的第一次历史性飞跃

2021年11月,党的十九届六中全会通过的《中共中央关于党的百年奋斗重大成就和历史经验的决议》指出:毛泽东思想是马克思列宁主义在中国的创造性运用和发展,是被实践证明了的关于中国革命和建设的正确的理论原则和经验总结,是"马克思主义中国化的第一次历史性飞跃"。

在新民主主义革命斗争时期,毛泽东深刻认识到,面对中国的特殊国情,面对压在中国人民头上的三座大山,中国革命将是一个长期过程,不能以教条主义的观点对待马克思列宁主义,必须从中国实际出发,实现马克思主义中国化。毛泽东创造性地解决了马克思列宁主义基本原理同中国实际相结合的一系列重大问题,深刻分析中国社会形态和阶级状况,经过不懈探索,弄清了中国革命的性质、对象、任务、动力,提出通过新民主主义革命走向社会主义的两步走战略,制定了新民主主义革命总路线,开辟了以农村包围城市、最后夺取全国胜利的革命道路。毛泽东创造性地解决了在中国这种特殊的社会历史条件下建设马克思主义政党的一系列重大问题,把党建设成为用科学理论和革命精神武装起来的、同人民群众有着血肉联系的、思想上政治上组织上完全巩固的马克思主义政党。毛泽东创造性地解决了缔造一个在党的绝对领导下的人民武装力量的一系列重大问题,建成一支具有一往无前精神、能压倒一切敌人而决不被敌人所屈服的新型人民军队。毛泽东创造性地解决了团结全民族最大多数人共同奋斗的革命统一战线的一系列重大问题,为党和人民事业凝聚了一支最广大的同盟军。毛泽东带领我们党创造性地提出和实施了一系列正确的战略策略,及时解决了中国革命进程中一道道极为复杂的难题,引导中国革命航船不断乘风破浪前进,从而创立了毛泽东思想,为夺取新民主主义革命胜利指明了正确方向。

在社会主义革命和建设时期,毛泽东提出把马克思列宁主义基本原理同中国具体实际进行"第二次结合",以毛泽东同志为主要代表的中国共产党人,结合新的实际丰富和发展毛泽东思想,提出关于社会主义建设的一系列重要思想,包括社会主义社会是一个很长的历史阶段,严格区分和正确处理敌我矛盾和人民内部矛盾,正确处理我国社会主义建设的十大关系,走出一条适合我国国情的工业化道路,尊重价值规律,在党与民主党派的关系上实行"长期共存、互相监督"的方针,在科学文化工作中实行"百花齐放、百家争鸣"的方针等。这些独创性理论成果至今仍有重要指导意义。

毛泽东思想具有多方面的内容,主要是:关于新民主主义革命;关于社会主义革命和社会主义建设;关于革命军队的建设和军事战略;关于政策和策略;关于思想政治工作和文化工作;关于党的建设。毛泽东思想的活的灵魂是贯穿各个组成部分的立场、观点、方法,体现为实事求是、群众路线、独立自主三个基本方面,为党和人民事业发展提供了科学指引。

毛泽东思想以独创性理论丰富和发展了马克思列宁主义。毛泽东思想教育了几代中国共产党人,它培养的大批骨干,不仅在新民主主义革命、社会主义革命、社会主义建设时期发挥了重要作用,也为新的历史时期开创和建设中国特色社会主义发挥了重要作用。邓小平说,毛泽东思想这个旗帜丢不得,丢掉了实际上就否定了我们党的光辉历史;任何时候都不能动摇高举毛泽东思想旗帜的原则,我们将永远高举毛泽东思想的旗帜前进。

# 中国特色社会主义理论体系
# 实现了马克思主义中国化新的飞跃

2021年11月，党的十九届六中全会通过的《中共中央关于党的百年奋斗重大成就和历史经验的决议》指出：改革开放和社会主义现代化建设时期，我们党从新的实践和时代特征出发坚持和发展马克思主义，科学回答了建设中国特色社会主义的发展道路、发展阶段、根本任务、发展动力、发展战略、政治保证、祖国统一、外交和国际战略、领导力量和依靠力量等一系列基本问题，形成中国特色社会主义理论体系，"实现了马克思主义中国化新的飞跃"。

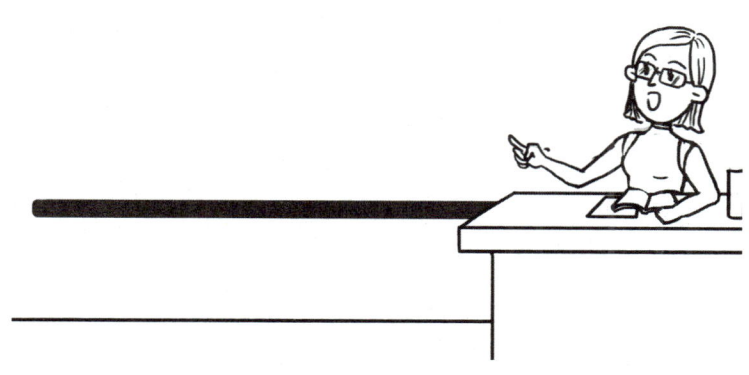

# 习近平新时代中国特色社会主义思想实现了马克思主义中国化新的飞跃

2021年11月,党的十九届六中全会通过的《中共中央关于党的百年奋斗重大成就和历史经验的决议》指出:习近平新时代中国特色社会主义思想是当代中国马克思主义、二十一世纪马克思主义,"实现了马克思主义中国化新的飞跃"。

党的十九大报告指出:习近平新时代中国特色社会主义思想,是"中国特色社会主义理论体系的重要组成部分",是全党全国人民为实现中华民族伟大复兴而奋斗的行动指南,必须长期坚持并不断发展。党的十九届六中全会通过的决议进一步指出,毛泽东思想是"马克思主义中国化的第一次历史性飞跃";中国特色社会主义理论体系"实现了马克思主义中国化新的飞跃";习近平新时代中国特色社会主义思想"实现了马克思主义中国化新的飞跃"。

从实践层面看,党的十八大以来,以习近平同志为核心的党中央,以伟大的历史主动精神、巨大的政治勇气、强烈的责任担当,统筹国内国际两个大局,贯彻党的基本理论、基本路线、基本方略,统揽伟大斗争、伟大工程、伟大事业、伟大梦想,坚持稳中求进工作总基调,出台一系列重大方针政策,推出一系列重大举措,推进一系列重大工作,战胜一系列重大风险挑战,解决了许多长期想解决而没有解决的难题,办成了许多过去想办而没有办成的大事,推动党和国家事业取得历史性成就、发生历史性变革。中国共产党和中国人民以英勇顽强的奋斗向世界庄严宣告,中华民族迎来了从站起来、富起来到强起来的伟大飞跃。

从理论层面看,习近平总书记对关系新时代党和国家事业发展的一系列重大理论和实践问题进行了深邃思考和科学判断,就新时代坚持和发展什么样的中国特色社会主义、怎样坚持和发展中国特色社会主义，建设什么样的社会主义现代化强国、怎样建设社会主义现代化强国，建设什么样的长期执政的马克思主义政党、怎样建设长期执政的马克思主义政党等重大时代课题，提出一系列原创性的治国理政新理念新思想新战略，其中包括新时代坚持和发展中国特色社会主义的总目标、总任务、总体布局、战略布局和发展方向、发展方式、发展动力、战略步骤、外部条件、政治保证等基本问题，并且要根据新的实践对经济、政治、法治、科技、文化、教育、民生、民族、宗教、社会、生态文明、国家安全、国防和军队、"一国两制"和祖国统一、统一战线、外交、党的建设等各方面作出理论分析和政策指导，以利于更好地坚持和发展中国特色社会主义。

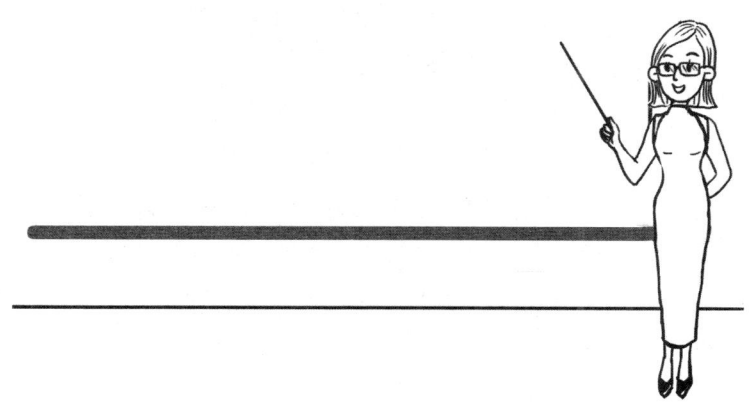

## 习近平新时代中国特色社会主义思想的主要内容：
## 从"八个明确"到"十个明确"

党的十九大报告将习近平新时代中国特色社会主义思想的主要内容，从"是什么"层面上概括为"八个明确"，党的十九届六中全会通过的《中共中央关于党的百年奋斗重大成就和历史经验的决议》，在此基础上进一步提炼为"十个明确"，即：

（1）明确中国特色社会主义最本质的特征是中国共产党领导，中国特色社会主义制度的最大优势是中国共产党领导，中国共产党是最高政治领导力量，全党必须增强"四个意识"、坚定"四个自信"、做到"两个维护"。

此部分由"八个明确"的最后一个提升至"十个明确"的第一个，并将党的领导和党的建设分开，分占"十个明确"之首尾，充分体现了中国共产党在中国特色社会主义事业中的领导核心地位。同时增加了"全党必须增强'四个意识'、坚定'四个自信'、做到'两个维护'"的内容。

（2）明确坚持和发展中国特色社会主义，总任务是实现社会主义现代化和中华民族伟大复兴，在全面建成小康社会的基础上，分两步走在本世纪中叶建成富强民主文明和谐美丽的社会主义现代化强国，以中国式现代化推进中华民族伟大复兴。

此部分内容增加了"以中国式现代化推进中华民族伟大复兴"的表述，突出了"中国式现代化"的重要地位。

（3）明确新时代我国社会主要矛盾是人民日益增长的美好生活需要和不平衡不充分的发展之间的矛盾，必须坚持以人民为中心的发展思想，发展全过程人民民主，推动人的全面发展、全体人民共同富裕取得更为明显的实质性进展。

此部分增加了"发展全过程人民民主"的表述，充实了"全体人民共同富裕取得更为明显的实质性进展"的提法。

（4）明确中国特色社会主义事业总体布局是经济建设、政治建设、文化建设、社会建设、生态文明建设五位一体，战略布局是全面建设社会主义现代化国家、全面深化改革、全面依法治国、全面从严治党四个全面。

此部分将"五位一体"和"四个全面"的内涵展开论述。其中，"四个全面"的具体内涵已经发生变化，主要表现为在已经全面建成小康社会的基础上，将第一个"全面"调整为"全面建设社会主义现代化国家"。同时，将党的十九大报告在这里提及的"四个自信"放在了"十个明确"的第一个之中。

（5）明确全面深化改革总目标是完善和发展中国特色社会主义制度、推进国家治理体系和治理能力现代化。

此部分沿用了党的十九大报告的提法，没有变化。

（6）明确全面推进依法治国总目标是建设中国特色社会主义法治体系、建设社会主义法治国家。

此部分沿用了党的十九大报告的提法，没有变化。

（7）明确必须坚持和完善社会主义基本经济制度，使市场在资源配置中起决定性作用，更好发挥政府作用，把握新发展阶段，贯彻创新、协调、绿色、开放、共享的新发展理念，加快构建以国内大循环为主体、国内国际双循环相互促进的新发展格局，推动高质量发展，统筹发展和安全。

此部分是之前"八个明确"中没有的、全新增加的内容，主要体现的是习近平经济思想。

（8）明确党在新时代的强军目标是建设一支听党指挥、能打胜仗、作风优良的人民军队，把人民军队建设成为世界一流军队。

此部分沿用了党的十九大报告的提法，没有变化。

(9)明确中国特色大国外交要服务民族复兴、促进人类进步,推动建设新型国际关系,推动构建人类命运共同体;

此部分增加了"服务民族复兴、促进人类进步",使中国特色大国外交的任务目标更加科学完整。

(10)明确全面从严治党的战略方针,提出新时代党的建设总要求,全面推进党的政治建设、思想建设、组织建设、作风建设、纪律建设,把制度建设贯穿其中,深入推进反腐败斗争,落实管党治党政治责任,以伟大自我革命引领伟大社会革命。

此部分将党的领导提前至第一个明确,同时增加了"明确全面从严治党的战略方针""全面推进党的政治建设、思想建设、组织建设、作风建设、纪律建设,把制度建设贯穿其中,深入推进反腐败斗争,落实管党治党政治责任,以伟大自我革命引领伟大社会革命"等内容,进一步说明了新时代党的建设新的伟大工程的格局、内涵和任务。

这些战略思想和创新理念,是我们党对中国特色社会主义建设规律认识深化和理论创新的重大成果。

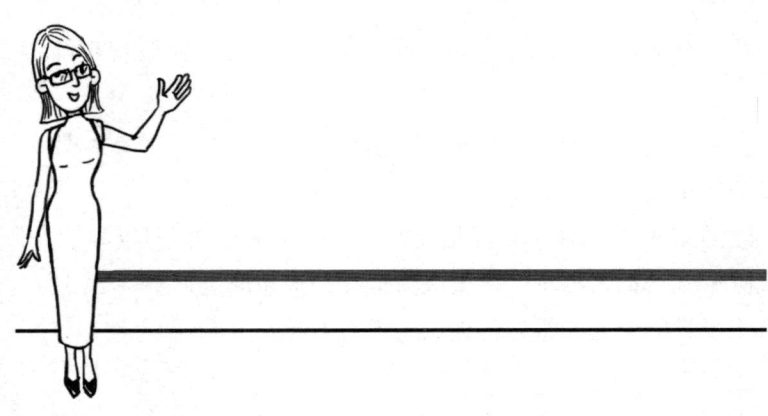

# 习近平新时代中国特色社会主义思想的理论主题

按照党的十九届六中全会通过的《中共中央关于党的百年奋斗重大成就和历史经验的决议》的概括，改革开放以来马克思主义中国化理论成果各自的理论主题分别是：

邓小平理论：什么是社会主义、怎样建设社会主义；

"三个代表"重要思想：什么是社会主义、怎样建设社会主义和建设什么样的党、怎样建设党；

科学发展观：新形势下实现什么样的发展、怎样发展；

习近平新时代中国特色社会主义思想：新时代坚持和发展什么样的中国特色社会主义、怎样坚持和发展中国特色社会主义，建设什么样的社会主义现代化强国、怎样建设社会主义现代化强国，建设什么样的长期执政的马克思主义政党、怎样建设长期执政的马克思主义政党。

党的十九大报告曾将习近平新时代中国特色社会主义思想的理论主题表述为"新时代坚持和发展什么样的中国特色社会主义、怎样坚持和发展中国特色社会主义"。党的十九届六中全会通过的《中共中央关于党的百年奋斗重大成就和历史经验的决议》进一步指出：习近平同志对关系新时代党和国家事业发展的一系列重大理论和实践问题进行了深邃思考和科学判断，就"新时代坚持和发展什么样的中国特色社会主义、怎样坚持和发展中国特色社会主义，建设什么样的社会主义现代化强国、怎样建设社会主义现代化强国，建设什么样的长期执政的马克思主义政党、怎样建设长期执政的马克思主义政党"等重大时代课题，提出一系列原创性的治国理政新理念新思想新战略，是习近平新时代中国特色社会主义思想的主要创立者。

习近平新时代中国特色社会主义思想深刻回答新时代坚持和发展什么样的中国特色社会主义、怎样坚持和发展中国特色社会主义的重大时代课题,实现了对中国特色社会主义建设规律认识的新跃升;习近平新时代中国特色社会主义思想深刻回答新时代建设什么样的社会主义现代化强国、怎样建设社会主义现代化强国的重大时代课题,进一步指明了中国式现代化道路的新图景;习近平新时代中国特色社会主义思想深刻回答新时代建设什么样的长期执政的马克思主义政党、怎样建设长期执政的马克思主义政党的重大时代课题,指引开辟了管党治党、兴党强党的新境界。

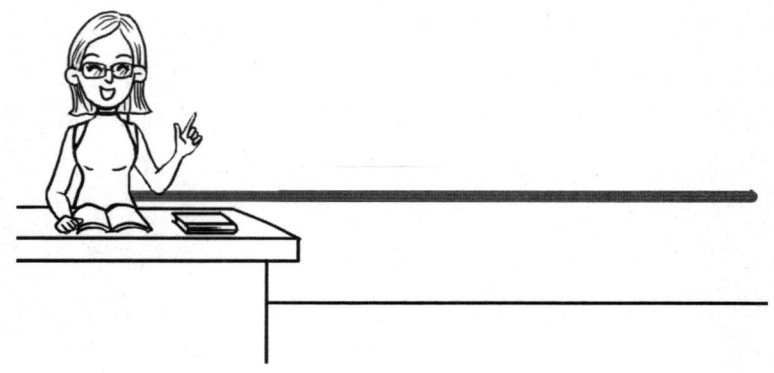

# 习近平新时代中国特色社会主义思想
# 是当代中国马克思主义、二十一世纪马克思主义

2021年11月，党的十九届六中全会通过的《中共中央关于党的百年奋斗重大成就和历史经验的决议》指出：习近平新时代中国特色社会主义思想是"当代中国马克思主义、二十一世纪马克思主义"。

作为马克思主义中国化最新成果，习近平新时代中国特色社会主义思想，坚持和运用马克思主义基本原理，对马克思主义哲学、政治经济学、科学社会主义作出了许多重大原理性创新，是当今时代最现实、最鲜活的马克思主义。比如，在马克思主义哲学方面，提出新时代我国社会主要矛盾发生变化的思想，是对马克思主义社会矛盾学说的新发展；强调要提高科学思维能力，要观大势、定大局、谋大事，要坚持系统观念，要强化问题导向，要抓重点、抓关键、抓"牛鼻子"等，是对马克思主义认识论、实践论的新发展。比如，在马克思主义政治经济学方面，提出创新、协调、绿色、开放、共享的新发展理念，是对马克思主义生产力理论的新发展；提出坚持和完善社会主义基本经济制度，使市场在资源配置中起决定性作用和更好发挥政府作用等思想，是对马克思主义经济学说的新发展。比如，在科学社会主义方面，提出坚持和加强党的全面领导、推进党的自我革命的思想，是对马克思主义建党学说的新发展；提出坚持和完善中国特色社会主义制度、推进国家治理体系和治理能力现代化的思想，是对马克思主义国家学说的新发展；提出构建人类命运共同体的思想，是对马克思主义世界历史理论的新发展；等等。这一思想，以全新的视野深化了对共产党执政规律、社会主义建设规律、人类社会发展规律的认识。

习近平新时代中国特色社会主义思想承前启后、继往开来，全面把握中华民族伟大复兴战略全局和世界百年未有之大变局，坚持胸怀天下，

立足于为世界谋大同，在 21 世纪的世界展现了强大的真理力量。这一思想，担当中国共产党人为世界谋大同的责任，饱含对人类发展重大问题的睿智思考和独特创见，洞察时代风云，把握时代脉搏，引领时代潮流，为应对全球共同挑战、共同问题提供了中国智慧和中国方案，为推动构建人类命运共同体、维护人类共同利益和共同价值作出了重要贡献。

习近平新时代中国特色社会主义思想，是新时代中国共产党的思想旗帜，是国家政治生活和社会生活的根本指针，是引领中国、影响世界的当代中国马克思主义、二十一世纪马克思主义。

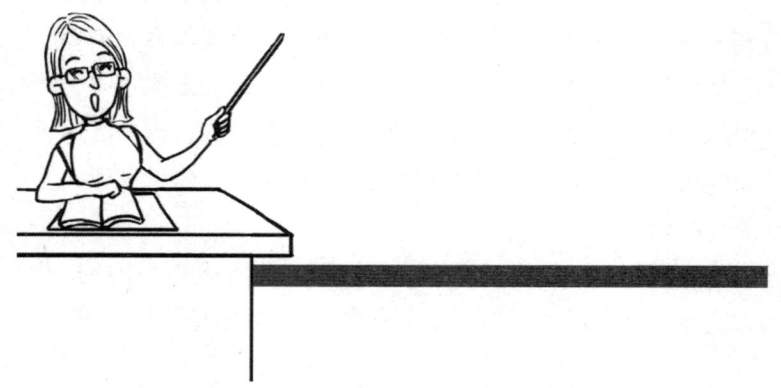

# 习近平新时代中国特色社会主义思想是中华文化和中国精神的时代精华

2021年11月，党的十九届六中全会通过的《中共中央关于党的百年奋斗重大成就和历史经验的决议》指出：以习近平同志为主要代表的中国共产党人，坚持"两个结合"，即坚持把马克思主义基本原理同中国具体实际相结合、同中华优秀传统文化相结合，创立了习近平新时代中国特色社会主义思想，并强调习近平新时代中国特色社会主义思想是中华文化和中国精神的时代精华。

毛泽东曾经指出，我们是马克思主义的历史主义者，我们不应当割断历史。从孔夫子到孙中山，我们应当给以总结，承继这一份珍贵的遗产。习近平总书记把对中华优秀传统文化的重视提高到了空前的高度，强调中国共产党从成立之日起，既是中国先进文化的积极引领者和践行者，又是中华优秀传统文化的忠实传承者和弘扬者；要把坚持马克思主义同弘扬中华优秀传统文化有机结合起来。

习近平新时代中国特色社会主义思想，既立足于现实的中国，又植根于历史的中国，它以中华文明为源头活水，从5000多年璀璨文明中承继人文精神、道德价值、历史智慧的精华养分，把马克思主义的思想精髓与中华优秀传统文化的精神特质融会贯通起来，成为中华优秀传统文化创造性转化、创新性发展的生动典范。它深刻揭示和自觉遵循中华民族传承发展的历史逻辑，深刻反映中华民族自古以来的梦想和追求，特别是近代以后实现中华民族伟大复兴的梦想，凝结着中国人民的伟大创造精神、伟大奋斗精神、伟大团结精神、伟大梦想精神，具有强大的历史穿透力、文化感染力和精神感召力，有效激活了中华优秀传统文化的生命力，使马克思主义在中国大地焕发出新的勃勃生机。

党的十八大以来，以习近平同志为核心的党中央，继承和弘扬中华优秀传统文化精华，形成了一系列治国理政新理念新思想新战略。诸如：与中国古代先贤设想的"理想王国"的大同理想和美好社会愿景一脉相承，提出实现"中华民族伟大复兴的中国梦"；将马克思主义群众史观与中国传统文化中的民本思想相结合，提出了"人民就是江山，江山就是人民"，系统阐述了以人民为中心的发展思想；将辩证唯物主义方法与中国传统哲学智慧相结合，深刻阐明了中国特色社会主义历史发展的辩证法，强调树立战略思维、底线思维、辩证思维等七种思维；将马克思主义道德观与中华传统美德相结合，深入挖掘和阐发"讲仁爱、重民本、守诚信、崇正义、尚和合、求大同"等传统文化资源，提出了社会主义核心价值观，深刻阐明了新时代社会主义先进文化发展的基本要求；将马克思主义自然观与中国传统天人合一观相结合，深刻阐明生态文明理念，提出人与自然生命共同体的重大论断；等等。这都体现了习近平新时代中国特色社会主义思想对中华民族历史文化的创造性转化和创新性发展，展现了治国理政的深厚文化底蕴。

正因为如此，习近平新时代中国特色社会主义思想充盈着浓郁的中国味、深厚的中华情、浩然的民族魂，具有强大的历史穿透力、文化感染力、精神感召力，是彰显文化自信、饱含历史自觉、赓续中华文脉的理论。

# 贯彻习近平新时代中国特色社会主义经济思想

党的十八大以来，以习近平同志为核心的党中央紧紧围绕新时代中国特色社会主义经济改革和发展重大实践课题，提出一系列治国理政新理念新思想新战略，形成习近平新时代中国特色社会主义经济思想，有力指导了新时代我国经济改革和发展实践，推动我国经济社会发展取得历史性成就、发生历史性变革。党的十九大以来特别是新冠肺炎疫情发生以来，面对国内外形势重大变化，依据我国发展新条件新目标新任务，以习近平同志为核心的党中央统筹国内国际两个大局，在新时代改革开放实践中进一步丰富发展了习近平新时代中国特色社会主义经济思想，引领我国经济社会进一步持续健康发展。

2017年12月18日至20日，中央经济工作会议在北京举行。会议首次提出习近平新时代中国特色社会主义经济思想。"七个坚持"紧密联系，既有认识论，又有方法论，组成一个完整体系。"坚持加强党对经济工作的集中统一领导"居于首位，是总领性、根本性的；"坚持以人民为中心的发展思想"是经济发展的根本目的；坚持适应把握引领经济发展新常态，立足大局，把握规律；坚持使市场在资源配置中起决定性作用，更好发挥政府作用，坚决扫除经济发展的体制机制障碍；坚持适应我国经济发展主要矛盾变化完善宏观调控，相机抉择，开准药方，把推进供给侧结构性改革作为经济工作的主线；坚持问题导向部署经济发展新战略，对我国经济社会发展变革产生深远影响；坚持正确工作策略和方法，稳中求进，保持战略定力、坚持底线思维，一步一个脚印向前迈进。这"七个坚持"紧紧围绕推动高质量发展进行战略谋划，从发展思路、体制机制、宏观调控、战略部署、策略方法等重要方面提出了全方位要求，是实现经济高质量发展的重要途径。

习近平新时代中国特色社会主义经济思想是中国特色社会主义政治经济学的最新成果，深入学习和深刻把握习近平新时代中国特色社会主义经济思想及其理论精髓，具有重要的理论和实践意义。

## 贯彻习近平生态文明思想

在 2018 年 5 月 18 日至 19 日召开的全国生态环境保护大会上，习近平总书记发表重要讲话，系统阐述了生态文明思想。其内涵主要体现在以下方面：以"人与自然和谐共生"为本质要求；以"绿水青山就是金山银山"为基本内核；以"良好生态环境是最普惠的民生福祉"为宗旨精神；以"山水林田湖草是生命共同体"为系统思想；以"最严格制度最严密法治保护生态环境"为重要抓手；以"共谋全球生态文明建设"彰显大国担当。

党的十八大报告中，生态文明建设首次被纳入中国特色社会主义总体布局，与经济建设、政治建设、文化建设、社会建设一起构成"五位一体"。"生态文明建设"还首次载入党章，将生态文明建设纳入执政党行动纲领。党的十八大以来，习近平生态文明思想又有新发展，他站在中华民族永续发展、人类文明发展的高度，明确地把生态文明作为继农业、工业文明之后的一个新阶段，指出生态文明建设是政治，关乎人民主体地位的体现、共产党执政基础的巩固和中华民族伟大复兴的中国梦的实现。

从 2013 年提出的"山水林田湖"是一个生命共同体，到 2017 年提出的"山水林田湖草"是一个生命共同体，再到 2021 年先后提出的统筹"山水林田湖草沙"系统治理、坚持"山水林田湖草沙冰"系统治理。习近平总书记关于人与自然是命运共同体的论述、部署不断拓展深化。2020 年 9 月，习近平主席在联合国生物多样性峰会上通过视频发表重要讲话指出，"共建繁荣、清洁、美丽的世界"。较之 3 年多前在瑞士日内瓦万国宫倡议的"建设一个清洁美丽的世界"，又增加了"繁荣"的定语，这更加全面地反映了中国对经济发展和生态保护两者关系的深刻理解。

习近平生态文明思想是习近平新时代中国特色社会主义思想的重要组成部分，为推进美丽中国建设、实现人与自然和谐共生的现代化提供了方向指引和根本遵循。

## 贯彻习近平强军思想

习近平强军思想是习近平新时代中国特色社会主义思想的重要组成部分，是马克思主义军事理论中国化时代化的新飞跃，实现了党的军事指导理论的又一次与时俱进。

为推动全军深入学习贯彻习近平强军思想，牢固确立习近平强军思想在国防和军队建设中的指导地位，坚定不移走中国特色强军之路，奋力推进新时代强军事业，经中央军委批准，军委政治工作部组织编印《习近平强军思想学习纲要》，于2019年5月正式出版发行。

《习近平强军思想学习纲要》由绪论、主体部分、结语组成，共18个部分、85个条目，全面系统阐述习近平强军思想的重大意义、科学体系、丰富内涵、精神实质、实践要求，是学习贯彻习近平强军思想的基本教材。

## 贯彻习近平外交思想

党的十八大以来，以习近平同志为核心的党中央深刻把握新时代中国和世界发展大势，在对外工作上进行一系列重大理论和实践创新，形成了习近平外交思想。习近平外交思想是习近平新时代中国特色社会主义思想的重要组成部分，是马克思主义基本原理同中国特色大国外交实践相结合的重大理论成果，是以习近平同志为核心的党中央治国理政思想在外交领域的集中体现，是新时代我国对外工作的根本遵循和行动指南。

学习习近平外交思想，第一，要深刻领悟习近平外交思想源于时代、同时又引领和推动时代的思想伟力。第二，要深刻领悟习近平外交思想推进马克思主义中国化、不断实现理论创新的真理光芒。第三，要深刻领悟习近平外交思想继承和发扬中华优秀传统文化的坚定自信。第四，要深刻领悟习近平外交思想胸怀世界、心系人类进步事业的崇高情怀。第五，要深刻领悟习近平外交思想指导中国特色大国外交实践阔步前行、不断取得历史性成就的重大意义。广大党组织和党员要全面系统学、及时跟进学、深入思考学、联系实际学，不断用习近平新时代中国特色社会主义思想武装头脑、指导实践、推动工作，从而开创新时代中国特色大国外交新局面。

为深入学习贯彻习近平新时代中国特色社会主义思想特别是习近平外交思想，中央宣传部、外交部组织编写《习近平外交思想学习纲要》一书，已由人民出版社、学习出版社联合出版，于2021年8月在全国发行。《习近平外交思想学习纲要》共14章、46目、128条，近10万字。全书系统阐释了习近平外交思想的重大意义、丰富内涵、核心要义、精神实质、实践要求，全面反映了习近平新时代中国特色社会主义思想在外交领域的原创性贡献。《习近平外交思想学习纲要》内容丰富、结构严整，忠实原文原著、文风生动朴实，是广大党员和群众学习贯彻习近平外交思想的权威辅助读物。

# 贯彻习近平法治思想

党的十八大以来，以习近平同志为核心的党中央从坚持和发展中国特色社会主义的全局和战略高度定位法治、布局法治、厉行法治，创造性提出了关于全面依法治国的一系列新理念新思想新战略，形成了习近平法治思想。习近平法治思想内涵丰富、论述深刻、逻辑严密、系统完备，从历史和现实相贯通、国际和国内相关联、理论和实际相结合上，深刻回答了新时代为什么实行全面依法治国、怎样实行全面依法治国等一系列重大问题，是顺应实现中华民族伟大复兴时代要求应运而生的重大理论创新成果，是马克思主义法治理论中国化的最新成果，是中国特色社会主义法治理论的重大创新发展，是习近平新时代中国特色社会主义思想的重要组成部分，是新时代全面依法治国的根本遵循和行动指南。

为深入学习贯彻习近平新时代中国特色社会主义思想特别是习近平法治思想，中央宣传部、中央依法治国办组织编写《习近平法治思想学习纲要》一书，已由人民出版社、学习出版社联合出版，2021年11月起在全国发行。《习近平法治思想学习纲要》共13章、49目、128条，7万多字。全书系统阐释了习近平法治思想的重大意义、丰富内涵、核心要义、精神实质、实践要求，全面反映了习近平新时代中国特色社会主义思想在法治领域的原创性贡献。《习近平法治思想学习纲要》内容丰富、结构严整、忠实原文原著、文风生动朴实，是广大干部群众深入学习贯彻习近平法治思想的重要权威辅助读物。

各级党组织和广大党员要把《习近平法治思想学习纲要》纳入学习计划，全面系统学、及时跟进学、深入思考学、联系实际学，不断用习近平新时代中国特色社会主义思想武装头脑、指导实践、推动工作，不断用习近平法治思想指导提高运用法治思维和法治方式深化改革、推动发展、化解矛盾、维护稳定、应对风险的能力，切实把学习成效转化为推进全面依法治国、建设法治中国的生动实践，为夺取全面建设社会主义现代化国家新胜利、实现中华民族伟大复兴的中国梦不懈奋斗。

## 学好《习近平谈治国理政》第一卷

习近平总书记围绕治国理政发表了大量讲话,提出了许多新思想、新观点、新论断,深刻回答了新的历史条件下党和国家发展的重大理论和现实问题,集中展示了党的新一届中央领导集体的治国理念和执政方略。为回应国际社会关切,增进国际社会对中国发展理念、发展道路、内外政策的认识和理解,中国国务院新闻办公室会同中共中央文献研究室、中国外文出版发行事业局编辑出版了《习近平谈治国理政》第一卷一书。

本书收入的是习近平总书记在 2012 年 11 月 15 日至 2014 年 6 月 13 日这段时间内的重要著作,共有讲话、谈话、演讲、答问、批示、贺信等 79 篇。

针对国际社会对当代中国问题的主要关注点,本书将所选篇目分为 18 个专题,每个专题内容按时间顺序编排。为便于读者阅读,进一步增进对中国社会制度和历史文化的了解,本书编辑时作了必要的注释,附在篇末。

本书还收入习近平总书记在各个时期特别是党的十八大以来的图片 45 幅,以帮助读者了解他的工作和生活。

## 学好《习近平谈治国理政》第二卷

2014年9月出版发行的《习近平谈治国理政》，收入了习近平总书记在党的十八大闭幕后至2014年6月13日期间的重要著作，受到国内外读者的广泛关注和好评。此后3年多来，习近平总书记又发表一系列重要讲话，深刻回答了一系列方向性、根本性、全局性、战略性重大问题，使党的创新理论更加丰富、更加系统。

经党中央批准，中央宣传部会同中央文献研究室、中国外文局，编辑出版了《习近平谈治国理政》第二卷。该书收入了习近平总书记在2014年8月18日至2017年9月29日期间的讲话、谈话、演讲、批示、贺电等99篇，分为17个专题。该书生动记录了以习近平同志为核心的党中央团结带领全党全国各族人民在新时代坚持和发展中国特色社会主义的伟大实践，集中反映了习近平新时代中国特色社会主义思想的发展脉络和主要内容。《习近平谈治国理政》第二卷的出版发行，对于推动广大干部群众深入学习领会习近平新时代中国特色社会主义思想，在全党全社会兴起学习宣传贯彻党的十九大精神热潮，具有重要意义。

广大党员要把《习近平谈治国理政》第二卷和先期出版的《习近平谈治国理政》，作为深入学习领会习近平新时代中国特色社会主义思想和党的十九大精神的权威读本，切实组织好学习。要以高度的使命感和责任感，系统学习、深入学习，切实把思想和行动统一到习近平新时代中国特色社会主义思想上来，统一到党的十九大确定的重大决策部署上来。要大力弘扬理论联系实际的优良学风，强化问题意识、树立问题导向，着力增强学习本领、政治领导本领、改革创新本领、科学发展本领、依法执政本领、群众工作本领、狠抓落实本领、驾驭风险本领。

# 学好《习近平谈治国理政》第三卷

《习近平谈治国理政》第一卷、《习近平谈治国理政》第二卷出版后，在国内外产生了强烈反响。党的十九大以来，习近平总书记在领导推进新时代治国理政的实践中，又发表一系列重要论述，提出许多具有原创性、时代性、指导性的重大思想观点，进一步丰富和发展了党的理论创新成果。

经党中央批准，中央宣传部（国务院新闻办公室）会同中央党史和文献研究院、中国外文局，编辑出版了《习近平谈治国理政》第三卷。该书收入了习近平总书记在2017年10月18日至2020年1月13日期间的报告、讲话、谈话、演讲、批示、指示、贺信等92篇，分为19个专题。

《习近平谈治国理政》第三卷生动记录了党的十九大以来以习近平同志为核心的党中央，着眼中华民族伟大复兴战略全局和世界百年未有之大变局，不忘初心、牢记使命，统揽伟大斗争、伟大工程、伟大事业、伟大梦想，团结带领全党全军全国各族人民推动党和国家各项事业取得新的重大进展的伟大实践，集中展示了马克思主义中国化的最新成果，充分体现了我们党为推动构建人类命运共同体贡献的智慧方案，是全面系统反映习近平新时代中国特色社会主义思想的权威著作。

《习近平谈治国理政》第三卷的出版发行，对于推动广大党员、干部和群众学懂弄通做实习近平新时代中国特色社会主义思想，系统掌握贯穿其中的马克思主义立场观点方法，增强"四个意识"、坚定"四个自信"、做到"两个维护"；对于帮助国际社会更好了解这一重要思想的主要内容，增进对中国共产党为什么"能"、马克思主义为什么"行"、中国特色社会主义为什么"好"的认识和理解，具有重要意义。

认真学习《习近平谈治国理政》第三卷，是用习近平新时代中国特色社会主义思想武装全党、教育人民的重大政治任务。广大党员要将《习近平谈治国理政》第三卷与《习近平谈治国理政》第一卷、《习近平谈治国理政》第二卷作为一个整体，读原著、学原文、悟原理，切实把学习成效转化为应对风险挑战、推动事业发展的治理能力和工作水平。

# 学好《习近平新时代中国特色社会主义思想学习纲要》

为把学习贯彻习近平新时代中国特色社会主义思想进一步引向深入，根据中央要求，中央宣传部组织编写了《习近平新时代中国特色社会主义思想学习纲要》一书，已由学习出版社、人民出版社联合出版，2019年6月10日起在全国发行。

《习近平新时代中国特色社会主义思想学习纲要》共21章、99目、200条，近15万字。全书紧紧围绕习近平新时代中国特色社会主义思想是党和国家必须长期坚持的指导思想这一主题，以"八个明确"和"十四个坚持"为核心内容和主要依据，对习近平新时代中国特色社会主义思想作了全面系统的阐述，有助于广大干部群众更好地理解把握这一思想的基本精神、基本内容、基本要求，更加自觉地用以武装头脑、指导实践、推动工作。

《习近平新时代中国特色社会主义思想学习纲要》内容丰富、结构严整、忠实原文原著、文风生动朴实，是全党开展"不忘初心、牢记使命"主题教育的重要学习材料，是广大干部群众深入学习领会习近平新时代中国特色社会主义思想的重要辅助读物。

## 学好《习近平新时代中国特色社会主义思想学习问答》

中国共产党成立 100 周年之际，全党开展党史学习教育。在这次党史学习教育中，必须把学懂弄通做实习近平新时代中国特色社会主义思想作为首要政治任务，做到学史明理、学史增信、学史崇德、学史力行。《习近平新时代中国特色社会主义思想学习问答》以问答体的形式，全面系统展现习近平新时代中国特色社会主义思想的重大意义、科学体系、丰富内涵和实践要求。

《习近平新时代中国特色社会主义思想学习问答》用纲和目的形式展现习近平新时代中国特色社会主义思想的科学体系，通过深入透彻的解读，集中阐明了以习近平同志为核心的党中央坚持用马克思主义观察时代、解读时代、引领时代，用鲜活丰富的当代中国实践来推动马克思主义发展，实现了马克思主义基本原理同中国具体实际相结合的新飞跃。

《习近平新时代中国特色社会主义思想学习问答》精心筛选出党员干部普遍关心的 100 个热点问题，比如"中国特色社会主义进入新时代，新在哪里？""世界正经历百年未有之大变局，变在何处？""如何理解'中国之治'背后的制度密码？""如何理解全面依法治国是国家治理的一场深刻革命？""为什么要旗帜鲜明反对西方所谓的'普世价值'？"等，用问和答的形式展现习近平新时代中国特色社会主义思想的丰富内涵，力求问的鲜明、答的精准，进而阐明正是这一思想引领中国特色社会主义实现新发展，推动中华民族复兴实现大跨越。

党员要把《习近平新时代中国特色社会主义思想学习问答》作为重要辅助读物，进一步读原著、学原文、悟原理，真正学深悟透习近平新时代中国特色社会主义思想，把学党史和悟思想贯通起来，把学习领会习近平新时代中国特色社会主义思想进一步引向深入，切实筑牢全体人民团结奋斗的共同思想基础。

第四章

# 坚定中国特色社会主义"四个自信"

## 改革开放以来党的全部理论和实践的主题

只有社会主义才能救中国,只有坚持和发展中国特色社会主义才能实现中华民族伟大复兴。坚持和发展中国特色社会主义是改革开放以来党的全部理论和实践的主题,是当代中国发展进步的根本方向。

中国特色社会主义是在改革开放40多年的伟大实践中得来的。党的十一届三中全会以后,以邓小平同志为主要代表的中国共产党人,重新确立解放思想、实事求是的思想路线,彻底否定"以阶级斗争为纲"的错误理论和实践,以巨大的政治勇气和理论勇气进行改革开放,成功开创了中国特色社会主义。党的十三届四中全会以后,以江泽民同志为主要代表的中国共产党人,在苏联解体、苏共垮台、东欧剧变,世界社会主义遭受严重曲折的严峻考验面前捍卫了中国特色社会主义,确立了社会主义市场经济体制的改革目标和基本框架,推进党的建设新的伟大工程,成功把中国特色社会主义推向21世纪。党的十六大以后,以胡锦涛同志为主要代表的中国共产党人,坚持走科学发展道路,开始形成建设中国特色社会主义总体布局,着力推进党的执政能力建设和先进性建设,成功在新的历史起点上坚持和发展了中国特色社会主义。党的十八大以来,以习近平同志为核心的党中央不忘初心、牢记使命、接续奋斗,统筹推进"五位一体"总体布局,协调推进"四个全面"战略布局,坚定不移贯彻新发展理念,推动党和国家事业发生历史性变革,中国特色社会主义进入新时代,科学社会主义在21世纪的中国焕发出强大生机活力,中国特色社会主义伟大旗帜在世界上高高举起,续写了坚持和发展中国特色社会主义崭新篇章。

## 中国特色社会主义是社会主义而不是其他什么主义

中国特色社会主义，既坚持了科学社会主义基本原则，又根据时代条件赋予其鲜明的中国特色，中国特色社会主义是社会主义，不是其他什么主义。中国特色社会主义是社会主义，那就是不论怎么改革、怎么开放，都始终要坚持中国特色社会主义道路、中国特色社会主义理论体系、中国特色社会主义制度、中国特色社会主义文化，全面贯彻党的基本理论、基本路线、基本方略。中国积极吸收和借鉴人类社会的优秀成果为我所用，是为了赢得与资本主义相比较的优势，走出自己的康庄大道，而不是数典忘祖、照抄照搬别国的发展模式。中国也没有对马克思主义采取教条式的态度，始终坚持把马克思主义、科学社会主义基本原理同中国具体实践相结合，坚持实事求是，坚持在对世情国情党情充分认识的基础上，实践科学社会主义基本原则。

"鞋子合不合脚，自己穿了才知道。"改革开放以来，我们党团结带领全国各族人民不懈奋斗，推动我国经济实力、科技实力、国防实力、综合国力进入世界前列，推动我国国际地位实现前所未有的提升，中华民族正以崭新姿态屹立于世界的东方。这样的发展、这样的巨变，在人类发展史上都是罕见的。新时代中国特色社会主义正成为21世纪科学社会主义发展的旗帜。

## 中国特色社会主义的总依据

正确认识我国当今社会所处的历史阶段，是建设中国特色社会主义的首要问题，是我们制定和执行正确的路线方针政策的总依据。建设中国特色社会主义的总依据是社会主义初级阶段。中国特色社会主义进入新时代，我国社会主要矛盾已经转化为人民日益增长的美好生活需要和不平衡不充分的发展之间的矛盾。但我国社会主要矛盾的变化，没有改变我们对我国社会主义所处历史阶段的判断，我国仍处于并将长期处于社会主义初级阶段的基本国情没有变，我国是世界最大发展中国家的国际地位没有变。全党要牢牢把握社会主义初级阶段这个基本国情，牢牢立足社会主义初级阶段这个最大实际，牢牢坚持党的基本路线这个党和国家的生命线、人民的幸福线，为把我国建设成为富强民主文明和谐美丽的社会主义现代化强国而奋斗。

2021年11月，党的十九届六中全会通过的《中共中央关于党的百年奋斗重大成就和历史经验的决议》指出：今天，我们比历史上任何时期都更接近、更有信心和能力实现中华民族伟大复兴的目标。同时，全党必须清醒认识到，中华民族伟大复兴绝不是轻轻松松、敲锣打鼓就能实现的，前进道路上仍然存在可以预料和难以预料的各种风险挑战；必须清醒认识到，"我国仍处于并将长期处于社会主义初级阶段，我国仍然是世界最大的发展中国家，社会主要矛盾是人民日益增长的美好生活需要和不平衡不充分的发展之间的矛盾"。全党要牢记中国共产党是什么、要干什么这个根本问题，把握历史发展大势，坚定理想信念，牢记初心使命，以行百里者半九十的清醒不懈推进中华民族伟大复兴。

## 中国特色社会主义的总任务

建设中国特色社会主义，总任务是实现社会主义现代化和中华民族伟大复兴，并且强调了"两个一百年"奋斗目标：到中国共产党成立一百年时全面建成小康社会，到新中国成立一百年时建成富强民主文明和谐美丽的社会主义现代化强国。牢牢把握建设中国特色社会主义的总任务，关键是要始终坚持党的基本路线。要完成实现社会主义现代化和中华民族伟大复兴这个总任务，关键就是要坚持把以经济建设为中心同四项基本原则、改革开放这两个基本点统一于中国特色社会主义伟大实践，扎扎实实夺取新时代中国特色社会主义新胜利。

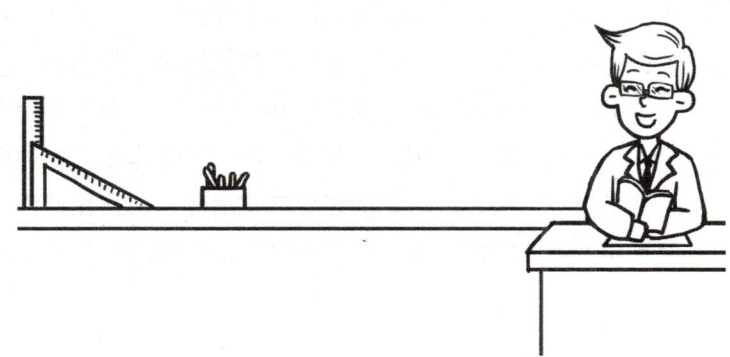

## 中国特色社会主义总体布局

中国特色社会主义是全面发展的社会主义。要不断推进这一伟大事业，就需要不断探索和实践它所包含的各方面目标任务。党的十一届三中全会后，以邓小平同志为核心的党的第二代中央领导集体，深刻认识物质文明与精神文明协调发展的重要性，强调"两手抓、两手都要硬"。对此，1982年9月，党的十二大报告明确提出："物质文明的建设是社会主义精神文明的建设不可缺少的基础。社会主义精神文明对物质文明的建设不但起巨大的推动作用，而且保证它的正确的发展方向。两种文明的建设，互为条件，又互为目的。"在此基础上，1986年9月，党的十二届六中全会把我国社会主义现代化的总体布局明确表述为："以经济建设为中心，坚定不移地进行经济体制改革，坚定不移地进行政治体制改革，坚定不移地加强精神文明建设，并且使这几个方面互相配合，互相促进。"党的十三届四中全会以后，以江泽民同志为核心的党的第三代中央领导集体，提出中国特色社会主义经济、政治、文化纲领，形成了经济建设、政治建设、文化建设三位一体总体布局。2002年11月，党的十六大报告将经济建设、政治建设、文化建设与物质文明、政治文明、精神文明结合起来，使三位一体的总体布局更加明晰。党的十六大以后，以胡锦涛同志为总书记的党中央对总体布局进行了新的探索和思考。党的十六届六中全会把和谐社会建设作为中国特色社会主义事业总体布局的一项重要内容确立下来，使总体布局发展为包括经济建设、政治建设、文化建设、社会建设在内的"四位一体"。2007年10月，党的十七大报告第一次按照"四位一体"的总体布局论述中国特色社会主义道路和基本纲领，对经济建设、政治建设、文化建设、社会建设作了全面部署，"四位一体"的总体布局正式确立。党的十八大在党的十七大报告提出生态文明的理念和建设生态文明的目标的基础上,将生态文明建设纳入中国特色社会主义事业总体布局,正式形成了"五位一体"总体布局,使生态文明建设的战略地位更加明确,使得中国特色社会主义事业总体布局更加完善。党的十九大进一步强调统筹推进"五位一体"总体布局、协调推进"四个全面"战略布局,开创党和国家事业新局面。

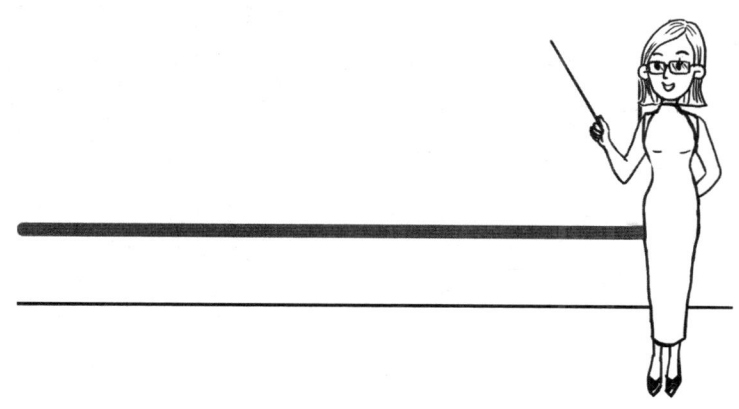

## 中国特色社会主义战略布局

党的十八大以来,以习近平同志为核心的党中央提出"四个全面"战略布局。2014年11月,习近平总书记到福建考察调研时提出了"协调推进全面建成小康社会、全面深化改革、全面推进依法治国进程"的"三个全面"。2014年12月在江苏调研时则将"三个全面"上升到了"四个全面",要"协调推进全面建成小康社会、全面深化改革、全面推进依法治国、全面从严治党,推动改革开放和社会主义现代化建设迈上新台阶",新增了"全面从严治党"。从时间轴来看,"四个全面"是在不同高层会议场合逐步提出的。2012年11月党的十八大提出全面建成小康社会;2013年11月党的十八届三中全会提出全面深化改革;2014年10月党的十八届四中全会提出全面推进依法治国;2014年10月8日党的群众路线教育实践活动总结大会上提出全面推进从严治党。全面建成小康社会是重大战略目标,在"四个全面"战略布局中居于引领地位。全面深化改革、全面依法治国、全面从严治党是三大战略举措,为如期全面建成小康社会提供重要保障,一个都不能缺。

基于全面建成小康社会目标如期实现,2020年党的十九届五中全会用"全面建设社会主义现代化国家"取代"全面建成小康社会"的表述。2021年11月,党的十九届六中全会通过的《中共中央关于党的百年奋斗重大成就和历史经验的决议》,在"十个明确"中进一步明确"战略布局是全面建设社会主义现代化国家、全面深化改革、全面依法治国、全面从严治党四个全面"。

## 中国特色社会主义最本质的特征

中国共产党的领导地位不是自封的，是历史和人民选择的，是由我国国体性质决定的，是由我国宪法明文规定的。习近平总书记强调，中国特色社会主义最本质的特征是中国共产党领导，中国特色社会主义制度的最大优势是中国共产党领导。

党政军民学，东西南北中，党是领导一切的。正是因为始终坚持党的集中统一领导，我们才能实现伟大历史转折、开启改革开放新时期和中华民族伟大复兴新征程，才能成功应对一系列重大风险挑战、克服无数艰难险阻，才能有力应变局、平风波、战洪水、防非典、抗地震、化危机，才能既不走封闭僵化的老路也不走改旗易帜的邪路，而是坚定不移走中国特色社会主义道路。坚持党的领导，必须不断改善党的领导，让党的领导更加适应实践、时代、人民的要求。在坚持党的领导这个决定党和国家前途命运的重大原则问题上，全党全国必须保持高度的思想自觉、政治自觉、行动自觉，丝毫不能动摇。

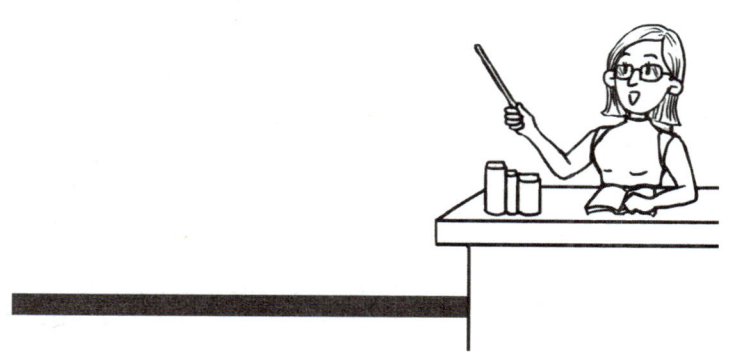

## 中国特色社会主义理论体系

　　中国特色社会主义理论体系，就是包括邓小平理论、"三个代表"重要思想、科学发展观、习近平新时代中国特色社会主义思想在内的科学理论体系，是对马克思列宁主义、毛泽东思想的坚持和发展。

　　中国特色社会主义理论体系是指导党和人民实现中华民族伟大复兴的正确理论，是立足时代前沿、与时俱进的科学理论。这一理论体系，写出了科学社会主义的新版本，凝结了几代中国共产党人团结带领人民不懈探索实践的智慧和心血，是改革开放以来我们党推进马克思主义中国化所取得的理论创新成果，是我们党最可宝贵的政治和精神财富，是全国各族人民团结奋斗的共同思想基础。这一理论体系，扎根于改革开放和社会主义现代化建设的伟大实践之中，符合全体中国人民根本利益，顺应当今世界和当代中国发展潮流，具有鲜明的科学性和真理性。

　　中国特色社会主义理论体系，坚持和发展了马克思列宁主义、毛泽东思想，系统回答了中国这样一个十几亿人口的发展中大国如何加快现代化、巩固和发展社会主义的一系列重大问题，开辟了马克思主义新境界，是党最可宝贵的政治和精神财富，是全国各族人民团结奋斗的共同思想基础。中国特色社会主义理论体系是不断发展的开放的理论体系。《共产党宣言》发表以来180多年的实践证明，马克思主义只有与本国国情相结合、与时代发展同进步、与人民群众同命运，才能焕发出强大的生命力、创造力、感召力。

# 中国特色社会主义道路

　　中国特色社会主义道路是实现社会主义现代化、创造人民美好生活的必由之路，是实现中华民族伟大复兴的必由之路。中国特色社会主义道路，坚持以经济建设为中心，坚持四项基本原则，坚持改革开放；统筹推进经济、政治、文化、社会、生态文明"五位一体"总体布局，协调推进全面建设社会主义现代化国家、全面深化改革、全面依法治国、全面从严治党"四个全面"战略布局；不断解放和发展社会生产力，逐步实现全体人民共同富裕、促进人的全面发展。党领导全国各族人民坚定走在这条道路上，沉着应对国际国内不断出现的新形势、新情况、新问题，抓住机遇，加快发展，有效化解各种风险挑战，特别是党的十八大以来，在进行具有许多新的历史特点的伟大斗争中取得了一个又一个的胜利。当代中国的历史性变革和历史性成就，都无可争辩地证明，中国特色社会主义这条道路走得通、走得对、走得好。我们走自己的路，具有无比广阔的舞台，具有无比深厚的历史底蕴，具有无比强大的前进定力。要始终保持头脑清醒，坚持战略定力，不为任何风险所惧，不为任何干扰所惑。中国特色社会主义道路是一条通往复兴梦想的康庄大道、人间正道，必须坚定不移沿着这条正确道路奋勇前进。

## 中国特色社会主义制度

中国特色社会主义制度是当代中国发展进步的根本制度保障,是具有鲜明中国特色、明显制度优势、强大自我完善能力的先进制度。这一制度体现在经济、政治、文化、社会、生态文明各个方面。例如,人民代表大会制度的根本政治制度,中国共产党领导的多党合作和政治协商制度、民族区域自治制度以及基层群众自治制度等基本政治制度,中国特色社会主义法律体系;公有制为主体、多种所有制经济共同发展的基本经济制度;等等。

这一制度符合我国国情,既坚持了社会主义的根本性质,又借鉴了古今中外制度建设的有益成果,集中体现了中国特色社会主义的特点和优势。党的十九届四中全会高度评价中国特色社会主义制度是"党和人民在长期实践探索中形成的科学制度体系"。实践证明,中国特色社会主义制度和国家治理体系是以马克思主义为指导、植根中国大地、具有深厚中华文化根基、深得人民拥护的制度和治理体系,是具有强大生命力和巨大优越性的制度和治理体系,是能够持续推动拥有14亿多人口大国进步和发展、确保拥有5000多年文明史的中华民族实现"两个一百年"奋斗目标进而实现中华民族伟大复兴的制度和治理体系。

# 中国特色社会主义文化

　　中国特色社会主义文化积淀着中华民族最深沉的精神追求，代表着中华民族独特的精神标识，是激励全党全国各族人民奋勇前进的强大精神力量。中国特色社会主义文化，源自于中华民族5000多年文明历史所孕育的中华优秀传统文化，熔铸于党领导人民在革命、建设、改革中创造的革命文化和社会主义先进文化，植根于中国特色社会主义伟大实践。发展中国特色社会主义文化，就是以马克思主义为指导，坚守中华文化立场，立足当代中国现实，结合当今时代条件，发展面向现代化、面向世界、面向未来的，民族的科学的大众的社会主义文化，推动社会主义精神文明和物质文明协调发展。文化自信是更基础、更广泛、更深厚的自信，是一个国家、一个民族发展中更基本、更深沉、更持久的力量。没有高度的文化自信，没有文化的繁荣兴盛，就没有中华民族伟大复兴。坚定文化自信，就要以更加自信的心态、更加宽广的胸怀，广泛参与世界文明对话，大胆借鉴吸收人类文明成果，推进中华优秀传统文化的创造性转化、创新性发展，继承革命文化，发展社会主义先进文化，在为新时代鼓与呼中滋养社会、铸造国魂，更好构筑中国精神、中国价值、中国力量，为人民提供精神指引。

## 中国特色社会主义进入新时代

中国特色社会主义新时代，是承前启后、继往开来、在新的历史条件下继续夺取中国特色社会主义伟大胜利的时代；是决胜全面建成小康社会、进而全面建设社会主义现代化强国的时代；是全国各族人民团结奋斗、不断创造美好生活、逐步实现全体人民共同富裕的时代；是全体中华儿女勠力同心、奋力实现中华民族伟大复兴中国梦的时代；是我国日益走近世界舞台中央、不断为人类作出更大贡献的时代。"五个时代"回答了走什么样的道路：中国特色社会主义道路；建设什么样的国家：社会主义现代化强国；实现什么样的发展：全体人民共同富裕；达到什么样的目标：中华民族伟大复兴；作出什么样的贡献：走近世界舞台中央，不断为人类作出更大贡献。

# 中国特色社会主义新时代的重大意义

习近平总书记指出:"中国特色社会主义进入新时代,在中华人民共和国发展史上、中华民族发展史上具有重大意义,在世界社会主义发展史上、人类社会发展史上也具有重大意义。"[①]党的十九大用三个"意味着",对中国特色社会主义进入新时代的重大意义作出高度概括。

从中华民族意义上来说,意味着近代以来久经磨难的中华民族迎来了从站起来、富起来到强起来的伟大飞跃,迎来了实现中华民族伟大复兴的光明前景;从社会主义角度来说,意味着科学社会主义在二十一世纪的中国焕发出强大生机活力,在世界上高高举起了中国特色社会主义伟大旗帜;从世界广大发展中国家来说,意味着中国特色社会主义道路、理论、制度、文化不断发展,拓展了发展中国家走向现代化的途径,给世界上那些既希望加快发展又希望保持自身独立性的国家和民族提供了全新选择,为解决人类问题贡献了中国智慧和中国方案。中国的实践向世界说明了一个道理,世界上没有一种普遍适用的发展模式,推动一个国家实现现代化并不是只有西方制度模式这一条道,各国完全可以走出自己的路。

---

[①] 《习近平谈治国理政》第 3 卷,外文出版社 2020 年版,第 10 页。

## 新时代中国特色社会主义基本方略

党的十九大报告对新时代中国特色社会主义基本方略概括为"十四个坚持",包括:坚持党对一切工作的领导、坚持以人民为中心、坚持全面深化改革、坚持新发展理念、坚持人民当家作主、坚持全面依法治国、坚持社会主义核心价值体系、坚持在发展中保障和改善民生、坚持人与自然和谐共生、坚持总体国家安全观、坚持党对人民军队的绝对领导、坚持"一国两制"和推进祖国统一、坚持推动构建人类命运共同体、坚持全面从严治党。这十四条基本方略涵盖坚持党的领导和全面从严治党,涵盖"五位一体""四个全面",涵盖国防和军队建设、维护国家安全、"一国两制"和祖国统一、对外战略,体现了党的基本纲领、基本经验、基本要求的内涵,是习近平新时代中国特色社会主义思想的重要组成部分。习近平新时代中国特色社会主义思想是指导思想层面的表述,在行动纲领层面称为中国特色社会主义基本方略。

# 坚定中国特色社会主义"四个自信"

习近平总书记在党的十九大报告中指出，全党要更加自觉地增强道路自信、理论自信、制度自信、文化自信，既不走封闭僵化的老路，也不走改旗易帜的邪路，保持政治定力，坚持实干兴邦，始终坚持和发展中国特色社会主义。站在新的历史起点上，进一步坚定"四个自信"，对推进新时代中国特色社会主义伟大事业、不断夺取新的伟大胜利具有重要意义。

中国特色社会主义是一个由道路、理论、制度、文化所构成的有机统一体，道路是实现途径，理论是行动指南，制度是根本保障，文化是内在动力，它们统一于中国特色社会主义伟大实践，共同铸就中华民族伟大复兴的精神力量。"四个自信"的提出，揭示了中国特色社会主义的文化本质，体现了中国共产党人对文化自信重要性的确认，是中国共产党不断总结中国特色社会主义实践经验并作出的新的理论概括，也是中国共产党执政自信与"不忘初心"的深刻表现。如果说道路自信、理论自信和制度自信体现的是政治认同、思想认同和制度认同，那么文化自信则是更基础、更广泛、更深厚的自信，因为它关乎道路、理论、制度的前进方向，关乎它们能否在人们的精神领域获得信念根基与价值认同。"四个自信"作为一个逻辑统一体，它内在地蕴含着道路的正确性、理论的科学性、制度的优越性和文化的先进性，展示了新时代中国特色社会主义的光明前景。

第五章

# 弘扬传承好革命精神谱系

## 红船精神

"革命声传画舫中，诞生共党庆工农"。1921年，中国共产党第一次全国代表大会在浙江嘉兴南湖的一艘游船上胜利闭幕，中国革命的航船从这里扬帆起航。2005年6月21日，时任中共浙江省委书记的习近平同志，首次公开提出"红船精神"的概念，并对其内涵作出明确概括，即"开天辟地、敢为人先的首创精神，坚定理想、百折不挠的奋斗精神，立党为公、忠诚为民的奉献精神"。红船精神，集中体现了党的先进性，见证了党的初心和使命。

## 井冈山精神

1927年10月,毛泽东率领秋收起义的队伍到达湘赣边界的井冈山地区。在这里,以毛泽东同志为主要代表的中国共产党人创建了第一个农村革命根据地,开辟了一条农村包围城市、武装夺取政权的正确道路。井冈山岁月的斗争实践,孕育了"坚定信念、艰苦奋斗,实事求是、敢闯新路,依靠群众、勇于胜利"的井冈山精神。井冈山精神,与井冈山道路一起,成为指引中国革命走向胜利的宝贵财富。

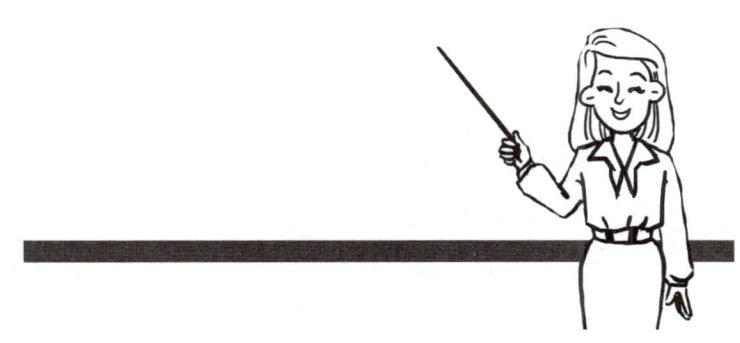

## 伟大长征精神

1934年10月到1936年10月，中国工农红军红一方面军（又称中央红军）、红二方面军、红四方面军，以无与伦比的英雄气概先后纵横10余省，长驱二万五千里，最终会师甘肃会宁、隆德将台堡（今属宁夏回族自治区），取得长征的伟大胜利。这次远征，历时之长、规模之大、行程之远、沿途自然环境之恶劣、敌我力量之悬殊，在人类战争史上都是绝无仅有的。鼓舞和激励红军将士的正是伟大的长征精神。对此，习近平总书记指出，伟大长征精神，就是"把全国人民和中华民族的根本利益看得高于一切，坚定革命的理想和信念，坚信正义事业必然胜利的精神；为了救国救民，不怕任何艰难险阻，不惜付出一切牺牲的精神；坚持独立自主、实事求是，一切从实际出发的精神；顾全大局、严守纪律、紧密团结的精神；紧紧依靠人民群众，同人民群众生死相依、患难与共、艰苦奋斗的精神"。"苦不苦，想想长征二万五"，"长征"已经成为充满奋进力量的代名词，一次次出现在我们党带领人民斗争、建设和改革的实践中。

# 延安精神

延安，是中共中央和红军长征的"落脚点"，是全民族抗日战争的"出发点"。从 1935 年到 1948 年长达 13 年的岁月里，中共中央和毛泽东在延安领导、指挥了抗日战争和解放战争，形成了马克思列宁主义同中国实际相结合的第一次历史性飞跃的理论成果——毛泽东思想，孕育了光照千秋的延安精神。"坚定正确的政治方向、解放思想实事求是的思想路线、全心全意为人民服务的根本宗旨、自力更生艰苦奋斗的创业精神"构成了延安精神的基本内涵。2020 年 4 月，习近平总书记在陕西考察时强调要坚持不懈用延安精神教育广大党员、干部，用以滋养初心、淬炼灵魂，从中汲取信仰的力量、查找党性的差距、校准前进的方向。

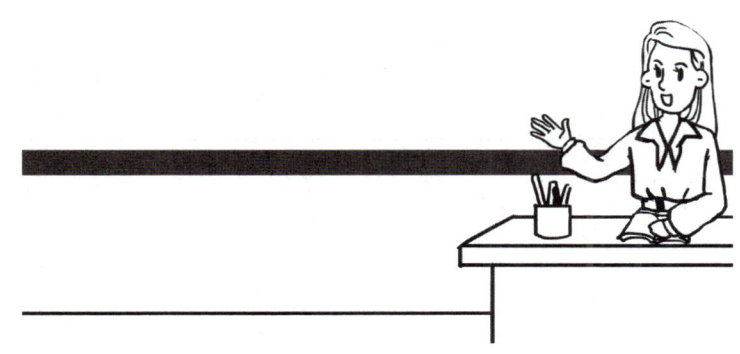

## 西柏坡精神

　　1948年5月至1949年3月，中共中央在地处太行山东麓的河北省平山县西柏坡办公。西柏坡，是中国革命的最后一个农村指挥所，在这里党中央指挥了辽沈战役、淮海战役、平津战役三大战役，召开了著名的党的七届二中全会，描绘了新中国的宏伟蓝图，培育了以"两个务必"为核心的西柏坡精神。西柏坡时期是中国革命走向胜利的里程碑，党所面临的历史课题是，工作重心从农村转向城市，由领导革命战争转向领导和平建设。孕育于中国革命重要的历史转折关头，西柏坡精神的基本内涵是：谦虚谨慎、艰苦奋斗的精神，敢于斗争、敢于胜利的精神，依靠群众、团结统一的精神。新中国从这里走来，经受西柏坡精神的洗礼，中国共产党人进京"赶考"，开启治国理政的伟大实践。

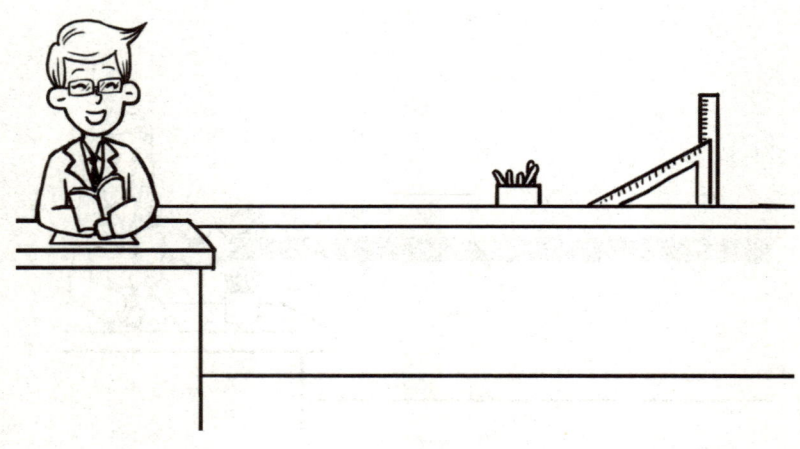

# 抗美援朝精神

1950年6月25日，朝鲜内战爆发。1950年10月19日，面对世界头号强敌，成立才一年的中华人民共和国不怕鬼、不信邪，为了国家和民族的利益，中国人民志愿军义无反顾地跨过鸭绿江，开启抗美援朝、保家卫国的正义之战。经过两年零九个月艰苦卓绝的战斗，美军从鸭绿江边被打回到三八线，被迫于1953年7月27日在停战协定上签字。中国人民志愿军在极为艰难的条件下打破了美军不可战胜的神话，震动了全世界，新中国的国际地位空前提高。在这场异常残酷的战争中，志愿军指战员始终发扬"祖国和人民利益高于一切、为了祖国和民族的尊严而奋不顾身的爱国主义精神，英勇顽强、舍生忘死的革命英雄主义精神，不畏艰难困苦、始终保持高昂士气的革命乐观主义精神，为完成祖国和人民赋予的使命、慷慨奉献自己一切的革命忠诚精神，为了人类和平与正义事业而奋斗的国际主义精神"。这是2020年10月23日习近平总书记在纪念中国人民志愿军抗美援朝出国作战70周年大会上的讲话中，对抗美援朝精神作出的明确概括。70多年来，伟大的抗美援朝精神穿越时空，闪耀着正义与和平的光芒。

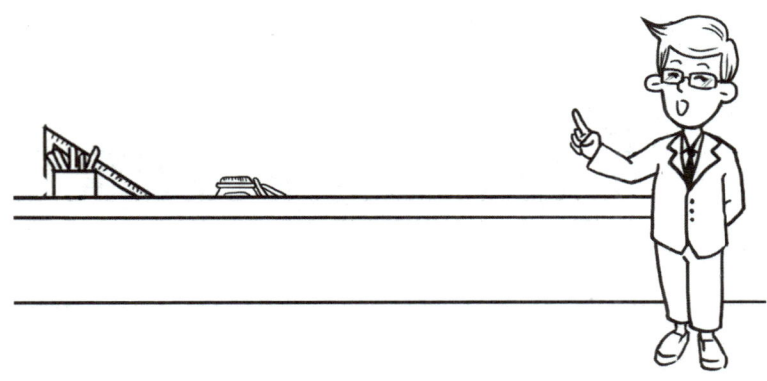

## 雷锋精神

雷锋，1940年出生，一名普通的解放军战士，生前为中国人民解放军沈阳部队工程兵某部运输连班长，1962年8月15日不幸因公殉职。雷锋以22岁的短暂人生，铸就了永恒的雷锋精神。1963年2月初，《人民日报》《解放军报》《中国青年报》等报道了雷锋的事迹，随后毛泽东题写了"向雷锋同志学习"的著名题词，并于3月5日在《人民日报》正式发表。此后，每年的3月5日被确定为"学雷锋日"。半个多世纪以来，雷锋的事迹影响感动了几代中国人，成为人们心目中永恒的道德楷模。2012年3月，中共中央办公厅印发《关于深入开展学雷锋活动的意见》，强调要"大力弘扬雷锋热爱党、热爱祖国、热爱社会主义的崇高理想和坚定信念，弘扬雷锋服务人民、助人为乐的奉献精神，弘扬雷锋干一行爱一行、专一行精一行的敬业精神，弘扬雷锋锐意进取、自强不息的创新精神，弘扬雷锋艰苦奋斗、勤俭节约的创业精神"。雷锋是我们民族的脊梁，雷锋精神是永恒的，实现中华民族伟大复兴，需要继续传承雷锋精神。

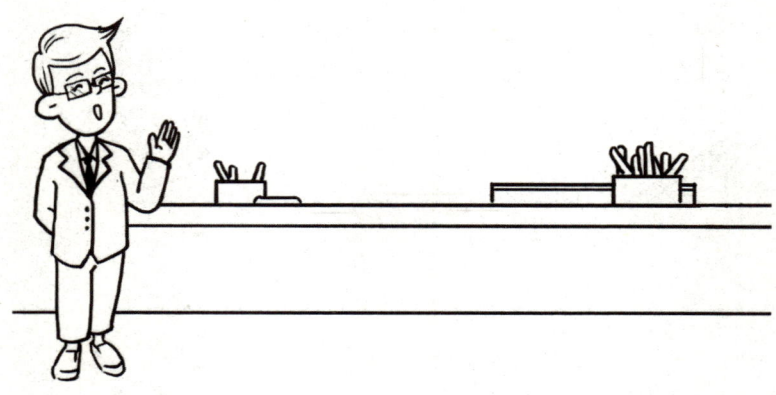

# 焦裕禄精神

　　焦裕禄（1922—1964），生前系河南省兰考县委书记。1962年12月，焦裕禄调任兰考县委书记后，面对危害老百姓生产生活的"三害"——内涝、风沙、盐碱，他带领全县人民全身心投入封沙、治水、改地斗争，奋力改变兰考贫困面貌。1964年5月14日，焦裕禄积劳成疾，因肝癌不幸病逝，年仅42岁。他的遗言是："我活着没治好沙丘，死后把我埋在沙堆上，看着你们把沙丘治好。"直到生命的最后一刻，他始终保持人民公仆的本色，想的仍然是人民群众的幸福安康。焦裕禄用自己的实际行动，塑造了人民的好公仆、干部的好榜样的光辉形象，铸就了"亲民爱民、艰苦奋斗、科学求实、迎难而上、无私奉献"的焦裕禄精神。"看到泡桐树，想起焦裕禄"。2009年，焦裕禄被评为"100位新中国成立以来感动中国人物"，获"最美奋斗者"称号。焦裕禄精神充分体现了共产党人立党为公、执政为民的崇高风范，为各级领导干部忠实履行职责提供了行动标杆，为弘扬为民务实清廉作风指明了方向。

## 大庆精神、铁人精神

　　大庆精神可概括为"爱国、创业、求实、奉献",铁人精神则是大庆精神的人格化、具体化。大庆精神、铁人精神,充分体现了中国工人阶级的精神风貌。20世纪60年代初,面对复杂的国际形势、艰苦的自然环境和困难的物质条件,党中央、国务院组织开展了波澜壮阔的石油会战。当年铁人王进喜一句"宁肯少活20年,拼命也要拿下大油田"的豪言壮语,感动、激励了几代人。从1960年6月1日大庆运出第一批原油,到3年之后大庆油田会战结束,我国需要的石油基本可以自给,一举甩掉了中国贫油的帽子,而且还涌现出了像"铁人"王进喜这样的先进典型,孕育产生了以"爱国、创业、求实、奉献"为主要内容的大庆精神、铁人精神。具体体现为:为国争光、为民族争气的爱国主义精神,独立自主、自力更生的艰苦创业精神,讲求科学、"三老四严"的求实精神,胸怀全局、为国分忧的奉献精神。2019年9月,习近平总书记在致信祝贺大庆油田发现60周年时强调要"大力弘扬大庆精神、铁人精神",不断改革创新,推动高质量发展,肩负起当好标杆旗帜、建设百年油田的重大责任。

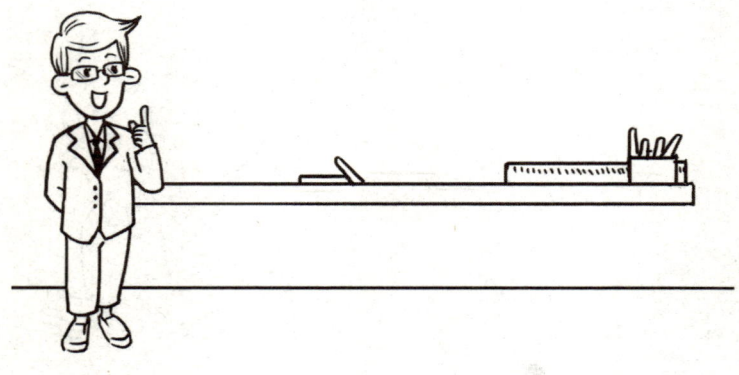

## "两弹一星"精神

21世纪五六十年代,面对帝国主义核威胁、核讹诈,党的第一代领导集体果断决定研制原子弹、导弹、人造地球卫星。1964年10月,我国第一颗原子弹爆炸成功;1967年6月,我国第一颗氢弹空爆试验成功;1970年4月,我国第一颗人造卫星发射成功。这就向世界庄严宣告:新中国有信心、有能力在世界高科技领域占有一席之地。邓小平后来动情地说,如果20世纪60年代以来中国没有原子弹、氢弹,没有发射卫星,中国就不能叫有重要影响的大国,就没有现在这样的国际地位。研制"两弹一星"是在我国物质技术基础十分薄弱的条件下进行的,广大研制工作者在"两弹一星"事业的奋斗进程中,培育和发扬了"热爱祖国、无私奉献、自力更生、艰苦奋斗、大力协同、勇于攀登"的"两弹一星"精神。"两弹一星"精神鼓舞了几代人,它是爱国主义、集体主义、社会主义精神和科学精神的体现。党的十八大以来,习近平总书记多次谈到"两弹一星"精神及其时代价值,并就弘扬"两弹一星"精神、加快建设航天强国向广大航天工作者提出殷切期望。

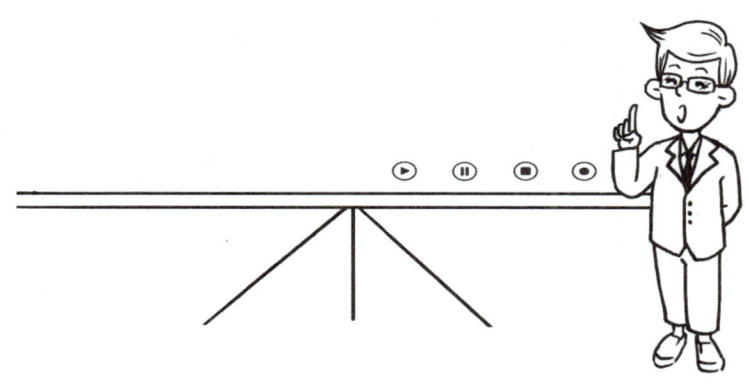

## "六十四字"创业精神

党的十一届三中全会后,中国进入改革开放和社会主义现代化建设的伟大创业时期,在中国这样一个幅员辽阔、人口众多、经济、文化发展极不平衡的国家里进行一项这样的伟大创业实践,其艰巨性、长期性和复杂性都是前所未有的。1980年12月,邓小平在中央工作会议上的讲话中提出"发扬五种革命精神",即发扬革命和拼命精神,严守纪律和自我牺牲精神,大公无私和先人后己精神,压倒一切敌人、压倒一切困难的精神,坚持革命乐观主义、排除万难去争取胜利的精神,"五种革命精神"高度概括和集中体现了我们党和国家在民主革命时期和社会主义建设时期的创业精神。1993年3月31日,江泽民同志在八届全国人大一次会议闭幕式上的讲话中依据新时期我国改革和发展的历史任务,在"五种革命精神"的基础上提出了"六十四字"创业精神,即"解放思想、实事求是,积极探索、勇于创新,艰苦奋斗、知难而进,学习外国、自强不息,谦虚谨慎、不骄不躁,同心同德、顾全大局,勤俭节约、清正廉洁,励精图治、无私奉献",对新时期建设中国特色社会主义伟大实践起到了重要的指导和推进作用。

## 抗洪精神

1998年夏，我国江南、华南大部分地区及北方局部地区相继发生了有史以来的特大洪水。受灾人数之众，地域之广，历时之长，世所罕见。在党中央和国务院的英明领导和决策下，数百万军民众志成城，奋起抗洪，谱写了一曲又一曲气吞山河的抗洪壮歌。在这场伟大的抗洪抢险斗争中，形成了"万众一心、众志成城，不怕困难、顽强拼搏，坚韧不拔、敢于胜利"的伟大抗洪精神。抗洪精神的实质是，以公而忘私、舍生忘死的共产主义精神为灵魂；以人民利益、国家利益、全局利益至上的大局意识为核心；以团结一致、齐心协力，"一方有难，八方支援"的社会主义大协作精神为纽带；以不怕困难，不畏艰险，敢于胜利的革命英雄主义精神为旗帜；以自强不息、贵公重义、艰苦奋斗、同舟共济、坚韧不拔、自尊自励等传统美德为血脉为营养。抗洪精神，根植于我们社会制度的优越性，根植于我们党、政府和军队的全心全意为人民服务的宗旨，成为推进中国特色社会主义伟大事业和人民军队现代化建设的巨大精神动力。

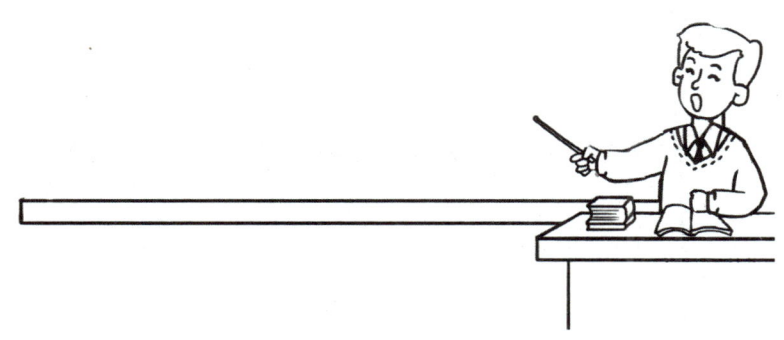

## 抗击非典精神

2003年初春,一场突如其来的非典疫情,给人民的生命健康带来严重的威胁,也使党和政府面临严峻的挑战和考验。以胡锦涛同志为总书记的党中央处变不惊,沉着应对,号召全国人民大力弘扬"万众一心、众志成城、团结互助、和衷共济、迎难而上、敢于胜利"的精神,迅速投入到抗击非典的战斗中来。万众一心、众志成城,就是全党全国要把思想和行动统一到党中央的部署上来;团结互助、和衷共济,就是全社会要广泛动员起来,做到同呼吸、共命运、心连心;迎难而上、敢于胜利,就是要坚定战胜困难的昂扬斗志和必胜信念,实事求是地分析形势,坚决同病魔斗争到底。抗击非典的二十四字精神,将中华民族精神提升到一个新的境界,是中国共产党人在培育和弘扬民族精神方面,解放思想、实事求是、与时俱进的时代创造。

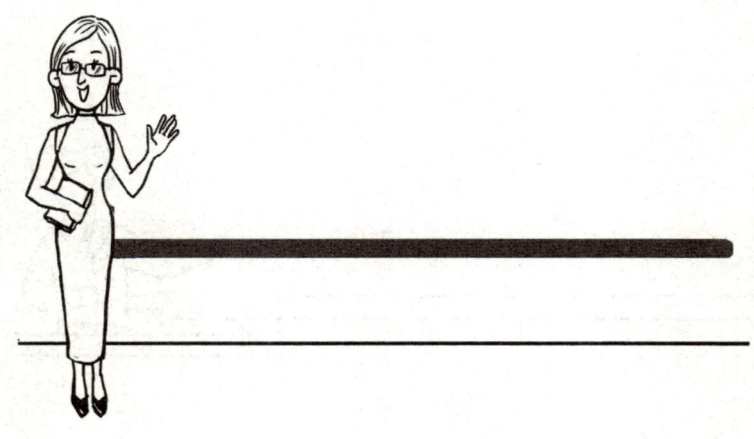

## 载人航天精神

2003年10月15日，我国第一艘载人飞船"神舟"五号发射升空。在绕地球环行14周后，16日6时23分，我国自己培养的航天员杨利伟乘返回舱在内蒙古预定地区安全落地，我国首次载人航天飞行取得圆满成功。这一举世瞩目的重大科技活动向世界庄严宣告，中国已成为继苏联和美国之后世界上第三个独立掌握载人航天技术的国家。新一代航天人在攀登科技高峰的伟大征程中，以特有的崇高境界、顽强意志和杰出智慧，铸就了载人航天精神，这就是"特别能吃苦、特别能战斗、特别能攻关、特别能奉献"的精神。2005年11月26日，党中央、国务院、中央军委在人民大会堂隆重举行庆祝神舟六号载人航天飞行圆满成功大会。载人航天精神，是"两弹一星"精神在新时代谱写的新的光辉篇章，是我们党在建设和改革的壮丽进程中为我们伟大的民族精神增添的一笔新的宝贵财富。

## 抗震救灾精神

2008年5月12日发生的汶川大地震,是新中国成立以来破坏性最强、波及范围最广、救灾难度最大的一次地震。地震发生后,在以胡锦涛同志为总书记的党中央坚强领导下,全党全军全国各族人民展示出了十分崇高的精神,这就是胡锦涛同志于2008年6月30日在抗震救灾先进基层党组织和优秀共产党员代表座谈会上的讲话中所概括的"万众一心、众志成城、不畏艰险、百折不挠、以人为本、尊重科学"的伟大抗震救灾精神。在各方面共同努力下,抗震救灾斗争有力有序有效进行,取得了重大成果。抗震救灾精神,是爱国主义、集体主义、社会主义精神的集中体现和新的发展,是中华民族民族精神在当代中国的集中体现和新的发展。

# 北京奥运精神

2001年7月13日，北京获得2008年第二十九届奥运会的举办权。北京承担中华民族百年圆梦的光荣使命和伟大时代提供的难得机遇，秉承绿色奥运、科技奥运、人文奥运理念于2008年8月8日至24日、9月6日至17日，北京成功举办第二十九届奥运会、第十三届残奥会，为世界各国人民奉献了一届有特色、高水平的奥运会。2008年9月29日，胡锦涛同志在北京奥运会、残奥会总结表彰大会上发表重要讲话，指出广大奥运建设者、工作者、志愿者大力培育和弘扬了"为国争光的爱国精神、艰苦奋斗的奉献精神、精益求精的敬业精神、勇攀高峰的创新精神、团结协作的团队精神"。这是对北京奥运精神的生动解读。北京奥运精神，为北京奥运会、残奥会成功举办提供了强大精神支撑，是推动我国各项事业发展的强大精神动力。

## 伟大抗疫精神

2020年初,一场惊心动魄的抗疫大战突如其来,党中央统揽全局、果断决策,团结带领全国各族人民,坚持人民至上、生命至上,打响疫情防控的人民战争、总体战、阻击战,我国成为疫情发生以来第一个恢复增长的主要经济体,取得抗击新冠肺炎疫情斗争重大战略成果。在这场同严重疫情的殊死较量中,中国人民和中华民族以敢于斗争、敢于胜利的大无畏气概,铸就了"生命至上、举国同心、舍生忘死、尊重科学、命运与共"的伟大抗疫精神。

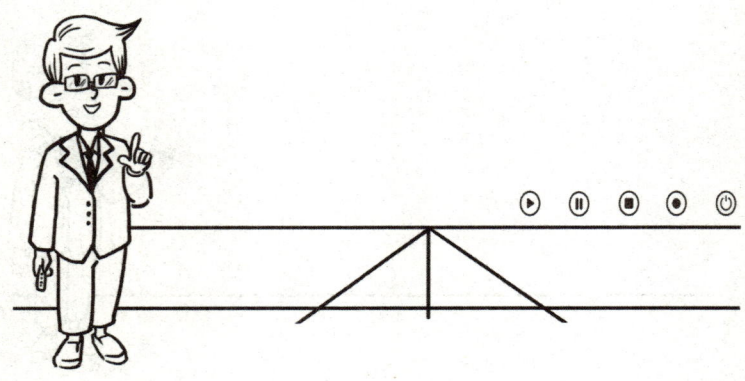

# 劳模精神、劳动精神、工匠精神

社会主义是干出来的，新时代是奋斗出来的。在长期实践中，广大劳动模范培育形成了"爱岗敬业、争创一流、艰苦奋斗、勇于创新、淡泊名利、甘于奉献"的劳模精神，"崇尚劳动、热爱劳动、辛勤劳动、诚实劳动"的劳动精神，"执着专注、精益求精、一丝不苟、追求卓越"的工匠精神。2020年11月24日，习近平总书记在全国劳动模范和先进工作者表彰大会上的讲话中，强调要大力弘扬劳模精神、劳动精神、工匠精神。讲好劳模故事、讲好劳动故事、讲好工匠故事，弘扬劳模精神、劳动精神、工匠精神，无疑为全面建设社会主义现代化国家新征程汇聚起强大的精神力量。

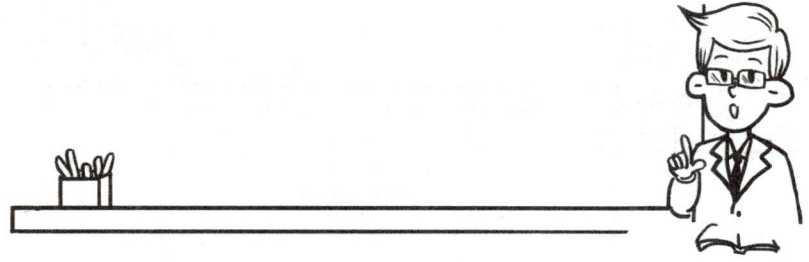

# 探月精神

2020年12月17日,嫦娥五号返回器携带月球样品安全着陆,探月工程嫦娥五号任务取得圆满成功,筑起了中国航天史上九天揽月新的里程碑。广大航天员在星际探测新征程、建设航天强国的伟大实践中培育形成了"追逐梦想、勇于探索、协同攻坚、合作共赢"的探月精神,这是民族精神、时代精神与航天实践相结合的产物,是航天事业取得成功的不竭动力和重要法宝。

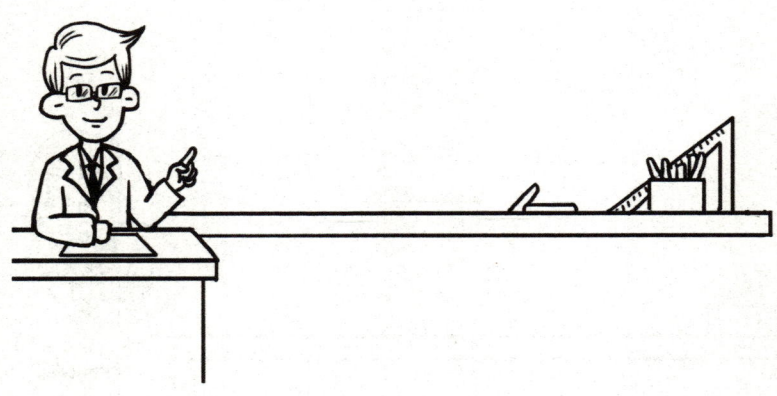

## 孺子牛、拓荒牛、老黄牛"三牛"精神

习近平总书记在 2021 年全国政协新年茶话会上发表重要讲话，勉励全国各族人民发扬"为民服务孺子牛、创新发展拓荒牛、艰苦奋斗老黄牛"精神，在全面建设社会主义现代化国家新征程上奋勇前进。这就要求我们深耕细作，争做为民服务的"孺子牛"，敢为人先，争做创新发展的"拓荒牛"，勇毅笃行，争做艰苦奋斗的"老黄牛"，在全面建设社会主义现代化国家新征程上鼓起迈进新征程、奋进新时代的精气神。

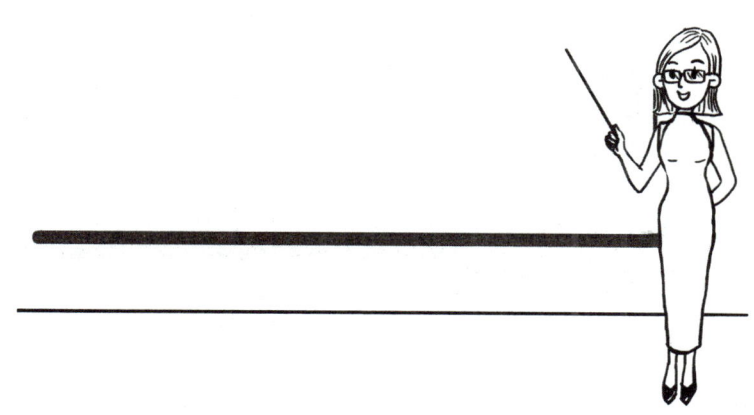

## 脱贫攻坚精神

"小康不小康，关键看老乡"。在迎来中国共产党百年华诞的历史性时刻，我国脱贫攻坚战取得了全面胜利，现行标准下近1亿农村贫困人口全部脱贫，832个贫困县全部摘帽，12.8万个贫困村全部出列，提前10年实现了联合国2030年可持续发展议程减贫目标，完成了消除绝对贫困的艰巨任务。脱贫攻坚伟大斗争，锻造形成了"上下同心、尽锐出战、精准务实、开拓创新、攻坚克难、不负人民"的脱贫攻坚精神。

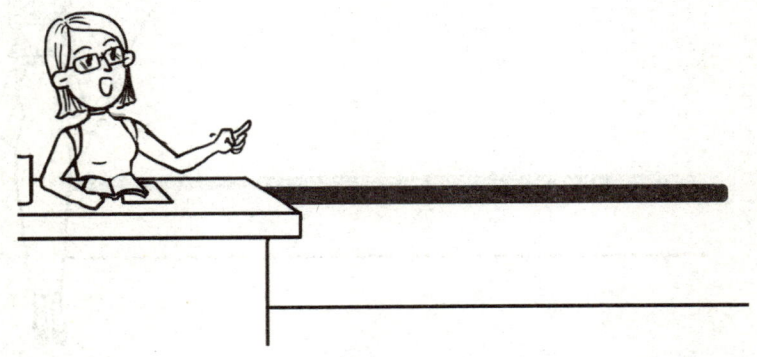

# 伟大建党精神

习近平总书记在庆祝中国共产党成立100周年大会上第一次提出并深刻阐述了伟大建党精神。党的十九届六中全会通过的《中共中央关于党的百年奋斗重大成就和历史经验的决议》进一步指出：在革命斗争中，"党弘扬坚持真理、坚守理想，践行初心、担当使命，不怕牺牲、英勇斗争，对党忠诚、不负人民的伟大建党精神"。

（1）坚持真理、坚守理想，就是坚持马克思主义的科学真理，坚守共产主义远大理想和中国特色社会主义共同理想。这是对中国共产党人理想信念和价值追求的集中表达。

（2）践行初心、担当使命，就是坚持为中国人民谋幸福、为中华民族谋复兴的初心和使命。这是对中国共产党人历史责任和时代使命的集中表达。

（3）不怕牺牲、英勇斗争，就是始终保持斗争精神、顽强意志、优良作风，毫无畏惧地面对一切困难和挑战，坚定不移地开辟新天地。这是对中国共产党人精神风范和意志品质的集中表达。

（4）对党忠诚、不负人民，就是无条件地对党的信仰忠诚、对党组织忠诚、对党的理论和路线方针政策忠诚，始终坚持全心全意为人民服务的根本宗旨。这是对中国共产党人政治担当和人民立场的集中表达。

伟大建党精神是中国共产党的精神之源。伟大建党精神，是中国共产党先驱在20世纪20年代探索救国救民道路中创造的宝贵精神财富，是马克思主义基本原理同中国具体实际相结合、同中华优秀传统文化相结合产生的宝贵精神财富，凝聚着中国共产党人的初心和使命，激励着中国共产党人不断开拓前行。

第六章

# 做全面从严治党的
# 模范践行者

## 学好《习近平关于全面从严治党论述摘编》

全面从严治党是新时代党治国理政的一个鲜明特征。党的十八大以来，以习近平同志为核心的党中央把全面从严治党纳入"四个全面"战略布局，勇于面对党面临的重大风险考验和党内存在的突出问题，以顽强意志品质正风肃纪、反腐惩恶，消除了党和国家内部存在的严重隐患，党内政治生活气象更新，党内政治生态明显好转，党的创造力、凝聚力、战斗力显著增强，党的团结统一更加巩固，党群关系明显改善，党在革命性锻造中更加坚强，焕发出新的强大生机活力，为党和国家事业发展提供了坚强政治保证。

中共中央党史和文献研究院、中央党的建设工作领导小组秘书组合作编辑出版的《习近平关于全面从严治党论述摘编（2021年版）》，分12个专题，共计788段论述，摘自习近平总书记2012年11月15日至2021年4月27日期间的报告、讲话、文章、指示等220多篇重要文献。其中部分论述是第一次公开发表。习近平总书记围绕全面从严治党发表的这一系列重要论述，立意高远，内涵丰富，思想深刻，对于我们不忘初心、牢记使命，增强"四个意识"、坚定"四个自信"、做到"两个维护"，坚定不移全面从严治党，以新时代党的自我革命引领新的伟大社会革命，全面建设社会主义现代化国家、实现中华民族伟大复兴的中国梦，具有十分重要的意义。作为共产党员，一定要学好《习近平关于全面从严治党论述摘编》（2021年版）。

## 建设学习型、服务型、创新型的马克思主义执政党

建设学习型、服务型、创新型马克思主义执政党的目标，进一步回答了在新的历史条件下建设一个什么样的党、怎样建设党，体现了时代的要求、实践的需要，为党的先进性和纯洁性建设注入了新的内涵。

建设学习型的马克思主义执政党。在当今这个以变革、调整、创新为显著特征的时代，重视和加强学习，建设学习型社会、学习型组织，已经成为世界潮流。我们党要更好地肩负起历史和时代赋予的崇高使命，就必须不断加强学习，努力成为学习型的马克思主义执政党。

建设服务型的马克思主义执政党。我们党是全心全意为人民服务的党，来自人民、植根人民、服务人民是我们党始终立于不败之地的根基所在。建设服务型的马克思主义执政党，是党的性质和根本宗旨的集中体现。

建设创新型的马克思主义执政党。当今世情国情党情继续发生深刻变化，我们面对着前所未有的机遇和挑战。我们党要始终走在时代前列，有效履行执政使命，就必须努力成为创新型的马克思主义执政党。建设创新型的马克思主义执政党，既要坚定道路自信、理论自信、制度自信、文化自信，又要以改革创新精神发展党的理论、丰富党和人民的实践、完善党和国家的制度。

## 落实新时代党的建设总要求

党的十九大报告指出，新时代党的建设总要求是：坚持和加强党的全面领导，坚持党要管党、全面从严治党，以加强党的长期执政能力建设、先进性和纯洁性建设为主线，以党的政治建设为统领，以坚定理想信念宗旨为根基，以调动全党积极性、主动性、创造性为着力点，全面推进党的政治建设、思想建设、组织建设、作风建设、纪律建设，把制度建设贯穿其中，深入推进反腐败斗争，不断提高党的建设质量，把党建设成为始终走在时代前列、人民衷心拥护、勇于自我革命、经得起各种风浪考验、朝气蓬勃的马克思主义执政党。

党的十九届六中全会通过的《中共中央关于党的百年奋斗重大成就和历史经验的决议》进一步指出："明确全面从严治党的战略方针，提出新时代党的建设总要求，全面推进党的政治建设、思想建设、组织建设、作风建设、纪律建设，把制度建设贯穿其中，深入推进反腐败斗争，落实管党治党政治责任，以伟大自我革命引领伟大社会革命。"

新时代党的建设总要求，从新时代、新征程、新使命、新目标对我们党提出的新要求出发，阐明了党的建设根本原则、指导方针和主线、总体布局、总目标，进一步回答了"建设一个什么样的党、怎样建设党"这一历史性课题，为新时代推进全面从严治党提供了基本遵循。

## 贯彻新时代党的组织路线

党的十九大之后,习近平总书记开创性地提出新时代党的组织路线,这就是:全面贯彻习近平新时代中国特色社会主义思想,以组织体系建设为重点,着力培养忠诚干净担当的高素质干部,着力集聚爱国奉献的各方面优秀人才,坚持德才兼备、以德为先、任人唯贤,为坚持和加强党的全面领导、坚持和发展中国特色社会主义提供坚强组织保证。

新时代党的组织路线6句话、109个字,内涵丰富,意蕴深刻,规定了组织建设的指导思想、方针原则、工作布局、目标任务、价值取向。"全面贯彻习近平新时代中国特色社会主义思想",明确了组织建设的指导思想和首要任务;"以组织体系建设为重点"突出了组织的基础性地位和体系化建设要求;"着力培养忠诚干净担当的高素质干部"揭示了选贤任能的本质要求;"着力集聚爱国奉献的各方面优秀人才"凸显了人才引领发展的战略地位;"坚持德才兼备、以德为先、任人唯贤"体现了选人用人方针的守正创新;"为坚持和加强党的全面领导、坚持和发展中国特色社会主义提供坚强组织保证"指明了组织建设的出发点和落脚点。

## 勇于自我革命

　　党的十九届六中全会通过的《中共中央关于党的百年奋斗重大成就和历史经验的决议》将"勇于自我革命"作为党百年奋斗的"十个坚持"历史经验之一。勇于自我革命是中国共产党区别于其他政党的显著标志。自我革命精神是党永葆青春活力的强大支撑。先进的马克思主义政党不是天生的,而是在不断自我革命中淬炼而成的。党历经百年沧桑更加充满活力,其奥秘就在于始终坚持真理、修正错误。党的伟大不在于不犯错误,而在于从不讳疾忌医,积极开展批评和自我批评,敢于直面问题,勇于自我革命。只要我们不断清除一切损害党的先进性和纯洁性的因素,不断清除一切侵蚀党的健康肌体的病毒,就一定能够确保党不变质、不变色、不变味,确保党在新时代坚持和发展中国特色社会主义的历史进程中始终成为坚强领导核心。

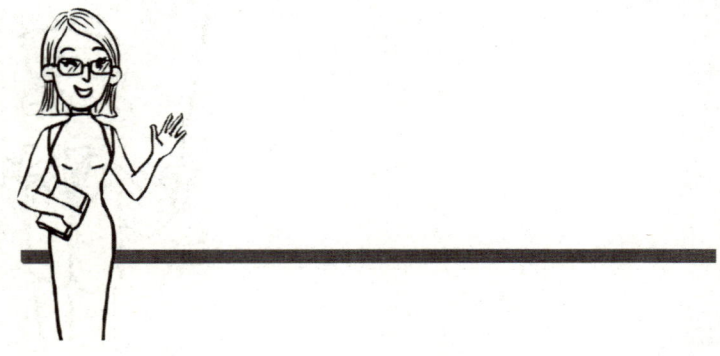

## 坚持全面从严治党

全面从严治党,是党的十八大以来以习近平同志为核心的党中央治国理政和管党治党的核心理念、关键举措,是"四个全面"战略布局的重要组成部分。全面从严治党,基础在全面,关键在严,要害在治。

"全面"就是管全党、治全党,面向9500多万名党员、486多万个党组织,覆盖党的建设各个领域、各个方面、各个部门,重点是抓住领导干部这个"关键少数"。"严"就是真管真严、敢管敢严、长管长严。"治"就是从党中央到省市县党委,从中央部委、国家机关部门党组(党委)到基层党支部,都要肩负起主体责任,党委书记要把抓好党建当作分内之事、必须担当的责任;各级纪委要担负起监督责任,敢于瞪眼黑脸,敢于执纪问责。

全面从严治党,要力求做到:抓思想从严、抓管党从严、抓执纪从严、抓治吏从严、抓作风从严、抓反腐从严。

党的十九届六中全会通过的《中共中央关于党的百年奋斗重大成就和历史经验的决议》指出,党的十八大以来,经过坚决斗争,全面从严治党的政治引领和政治保障作用充分发挥,党的自我净化、自我完善、自我革新、自我提高能力显著增强,管党治党宽松软状况得到根本扭转,反腐败斗争取得压倒性胜利并全面巩固,消除了党、国家、军队内部存在的严重隐患,党在革命性锻造中更加坚强。

## 完善全面从严治党制度

党的十九届四中全会审议通过的《中共中央关于坚持和完善中国特色社会主义制度 推进国家治理体系和治理能力现代化若干重大问题的决定》，把全面从严治党制度作为党的领导制度的重要组成部分，纳入中国特色社会主义制度和国家治理体系之中，深刻揭示了治党与治国、坚持党的领导与加强党的建设的内在统一关系。

全面从严治党是一个系统工程，需要建立完善覆盖党的建设方方面面的制度体系。主要包括：建立健全以党的政治建设为统领，全面推进党的各方面建设的体制机制；健全党管干部、选贤任能制度；完善和落实党内政治生活制度规定；健全解决党自身问题的长效机制；完善和落实全面从严治党责任制度；等等。

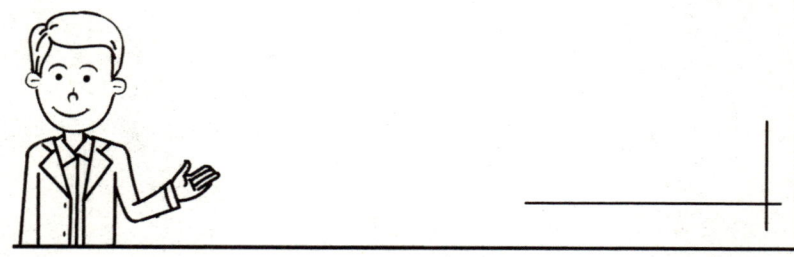

## 落实全面从严治党主体责任

从严治党，必须增强管党治党意识、落实管党治党责任。历史和现实都告诉我们，不明确责任，不落实责任，不追究责任，从严治党是做不到的。党要管党，首先是党委要管、党委书记要管。党委书记要在其位、谋其政，履行好第一责任人职责。党委的主体责任主要是加强领导，选好用好干部，防止出现选人用人上的不正之风和腐败问题；坚决纠正损害群众利益的行为；强化对权力运行的制约和监督，从源头上防治腐败；领导和支持执纪执法机关查处违纪违法问题；党委主要负责同志要管好班子，带好队伍，管好自己，当好廉洁从政的表率。各级党委特别是主要负责同志必须树立不抓党风廉政建设就是严重失职的意识，常研究、常部署，抓领导、领导抓，抓具体、具体抓，种好自己的责任田。

## 以党的政治建设为统领

　　党的政治建设是党的根本性建设，决定党的建设方向和效果，事关统揽推进伟大斗争、伟大工程、伟大事业、伟大梦想。在党的建设总体布局中，党的政治建设是管总的、管根本的，对党的其他建设具有统领作用。因此，必须把政治标准和政治要求贯穿党的思想建设、组织建设、作风建设、纪律建设以及制度建设、反腐败斗争始终，以政治上的加强推动全面从严治党向纵深发展，引领带动党的建设质量全面提高。党的其他建设都要服从、服务于党的政治建设，都要体现和反映党的政治建设的要求。党的思想建设要突出政治信仰、对党忠诚教育，塑造政治灵魂、政治品格；党的组织建设要突出政治功能、政治标准把握，建强组织体系和党员队伍；党的作风建设要突出加强党同人民群众的血肉联系，保持政治立场不变、政治本色不失；党的纪律建设要突出政治纪律、政治规矩的严守，推动构建良好政治生态。

　　党的政治建设要看具体行动和实际效果。正如习近平总书记指出的，讲政治不是抽象的，不能空喊口号、流于形式，要落实到坚决贯彻党中央决策部署的具体行动上、体现到实际效果上。以党的政治建设衡量和检验党的各级组织和党员干部推进党的其他各项建设的成效，就是看在政治立场、政治方向、政治原则、政治道路上是否与党中央保持高度一致；看是否与党的政治路线对标对表，全面执行党的政治路线；看是否坚决贯彻落实党中央重大决策部署；看党组织的政治功能、组织力是否得到提高；看党的政治生活是否健康、政治生态是否净化。

## "两个确立"的决定性意义

2016年10月,党的十八届六中全会明确习近平总书记的核心地位,正式提出"以习近平同志为核心的党中央";2017年10月,党的十九大通过的党章修正案将习近平新时代中国特色社会主义思想写入党章,实现了党的指导思想的与时俱进。党的十九届六中全会强调"两个确立",符合全党全军全国各族人民的共同愿望,在新征程上必须一以贯之地坚持和捍卫。坚强的领导核心和科学的理论指导,是关乎党和国家前途命运、党和人民事业成败的根本性问题。"两个确立"对新时代党和国家事业发展、对推进中华民族伟大复兴历史进程具有决定性意义。

## 切实做到"两个维护"

党的十九大把党的政治建设纳入党的建设总体布局并摆在首位,把保证全党服从中央、坚持党中央权威和集中统一领导作为党的政治建设的首要任务。2018年修订的《中国共产党纪律处分条例》增写了"两个维护"的内容,即"坚决维护习近平总书记党中央的核心、全党的核心地位,坚决维护党中央权威和集中统一领导"。以党内基础性法规的形式明确"两个维护",不仅是对党员思想认识上的强化,更是在政治上、纪律上的明确要求。2019年发布的《中共中央关于加强党的政治建设的意见》明确指出,坚持和加强党的全面领导,最重要的是坚决维护党中央权威和集中统一领导;坚决维护党中央权威和集中统一领导,最关键的是坚决维护习近平总书记党中央的核心、全党的核心地位。

"两个维护"作为根本的政治纪律和政治规矩,要求推动各级党组织和党员、干部始终在政治立场、政治方向、政治原则、政治道路上同党中央保持高度一致,确保全党令行禁止。各级党组织和广大党员干部,在坚定"两个维护"上必须态度坚决、旗帜鲜明,不仅要公开亮明政治态度,更要落实在实际行动上,体现在做人、谋事、创业、修身、用权、律己的方方面面,真正把"两个维护"变成思想自觉、变成党性观念、变成纪律要求、变成实际行动。

## 坚持思想建党和制度治党同向发力

党的十八大以来，我们党坚持思想建党和制度治党同向发力，先后开展党的群众路线教育实践活动、"严以修身、严以用权、严以律己，谋事要实、创业要实、做人要实"专题教育、"学党章党规、学系列讲话，做合格党员"学习教育、"不忘初心、牢记使命"主题教育、党史学习教育等，用党的创新理论武装全党，推进学习型政党建设，教育引导广大党员、干部特别是领导干部从思想上正本清源、固本培元，筑牢信仰之基、补足精神之钙、把稳思想之舵，保持共产党人政治本色，挺起共产党人的精神脊梁。

## 作风建设永远在路上

　　党的作风是党的性质、宗旨和世界观在党的活动中的表现，包括党的思想作风、学风、工作作风、领导作风和干部生活作风等。作风建设永远在路上，主要是指党的作风关系党的生死存亡，作风建设始终是摆在我们面前的一项重大而紧迫的任务，只有进行时，没有完成时。形式主义、官僚主义、享乐主义和奢靡之风这"四风"问题，严重违背我们党的性质和宗旨。作风建设永远在路上，是因为作风问题具有反复性和顽固性，不可能一蹴而就、毕其功于一役，更不能一阵风、刮一下就停。作风建设永远在路上，要求我们必须在抓常、抓细、抓长上下功夫。作风建设永远在路上，要求我们必须从实际出发，推动作风建设形成长效机制。

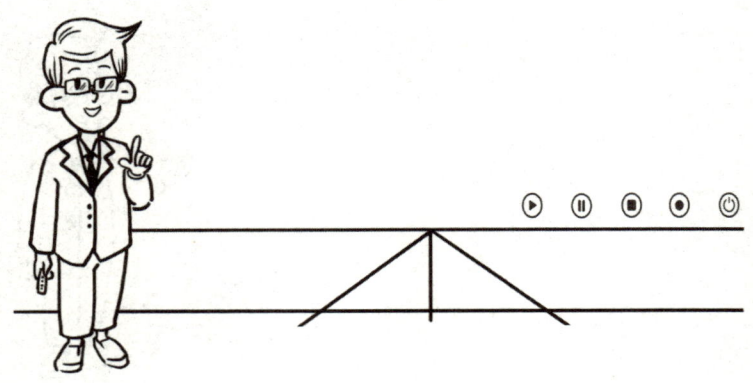

## 坚持和完善党和国家监督体系

党和国家监督体系是党在长期执政条件下实现自我净化、自我完善、自我革新、自我提高的重要制度保障。必须健全党统一领导、全面覆盖、权威高效的监督体系,增强监督严肃性、协同性、有效性,形成决策科学、执行坚决、监督有力的权力运行机制,确保党和人民赋予的权力始终用来为人民谋幸福。

经过70多年的持续探索奋斗,特别是党的十八大以来的不懈努力,党和国家监督体系的总体框架基本形成,主要包括:健全党和国家监督制度;完善权力配置和运行制约机制;构建一体推进不敢腐、不能腐、不想腐体制机制。党的十九届四中全会明确了党和国家监督体系在中国特色社会主义制度和国家治理体系中的重要地位。

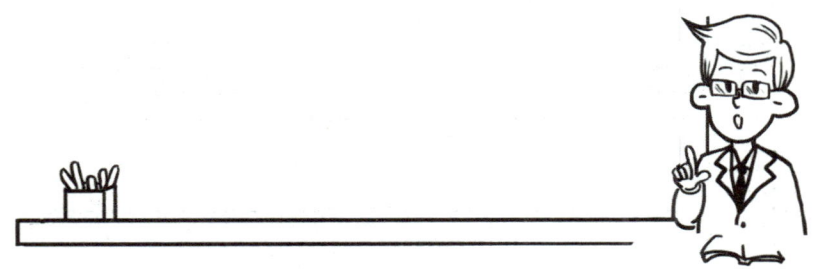

## 用铁的纪律维护党的团结统一

铁的纪律是党团结统一的根本保证。习近平总书记指出，在一个幅员辽阔、人口众多的发展中大国执政，如果不严明党的纪律，党的凝聚力和战斗力就会大大削弱，党的领导能力和执政能力就会大大削弱。

我们党在全面从严治党中形成了政治纪律、组织纪律、廉洁纪律、群众纪律、工作纪律和生活纪律六大纪律要求，并在纪律处分条例里以法的形式加以巩固和发展。严格党的纪律，首先是恪守党的政治纪律。党通过严格执行党的政治纪律，整肃党内政令不畅的问题，铲除腐败滋生的土壤，净化了党内政治生态。

制定纪律是要执行的，必须使纪律真正成为带电的高压线，而不能让党纪党规成为"纸老虎""稻草人"，造成"破窗效应"。党员干部遵守党的纪律是无条件的，要说到做到，有纪必执，有违必查，不能把纪律作为一个软约束或是束之高阁的一纸空文。

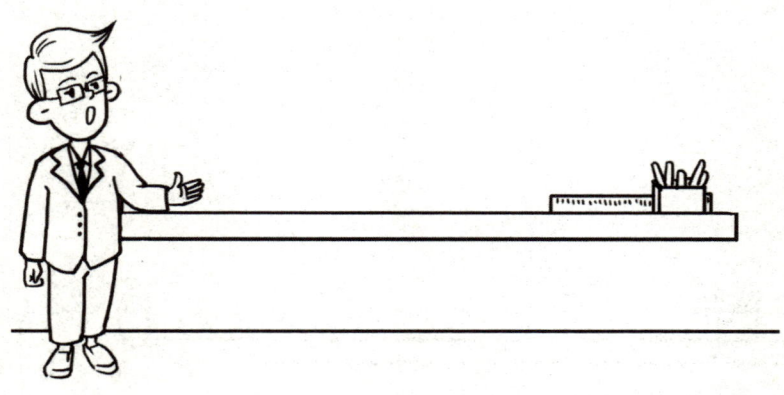

# 恪守党的廉洁自律规范

《中国共产党廉洁自律准则》要求，全体党员和各级党员领导干部要做到"四个必须"，即：必须坚定共产主义理想和中国特色社会主义信念，必须坚持全心全意为人民服务根本宗旨，必须继承发扬党的优良传统和作风，必须自觉培养高尚道德情操，努力弘扬中华民族传统美德，廉洁自律，接受监督，永葆党的先进性和纯洁性。

党员廉洁自律准则，展开来说，体现为"四个坚持"：坚持公私分明，先公后私，克己奉公；坚持崇廉拒腐，清白做人，干净做事；坚持尚俭戒奢，艰苦朴素，勤俭节约；坚持吃苦在前，享受在后，甘于奉献。

党员领导干部廉洁自律规范，展开来说，体现为"四个自觉"：廉洁从政，自觉保持人民公仆本色；廉洁用权，自觉维护人民根本利益；廉洁修身，自觉提升思想道德境界；廉洁齐家，自觉带头树立良好家风。

廉洁自律准则坚持正面倡导、重在立德，是党员和党员领导干部能够看得见、够得着的高标准，便于全体党员和各级党员领导干部进行对照，提高自律意识，防微杜渐，筑牢思想道德防线。

# 保持共产党员的先进性和纯洁性

党员是党的肌体的细胞。党的先进性和纯洁性要靠千千万万党员的先进性和纯洁性来体现。共产党员特别是党员领导干部要做共产主义远大理想和中国特色社会主义共同理想的坚定信仰者和忠实践行者。没有远大理想,不是合格的共产党员;离开现实工作而空谈远大理想,也不是合格的共产党员。正如习近平总书记指出的,衡量一名共产党员、一名领导干部是否具有共产主义远大理想,是有客观标准的,那就要看他能否坚持全心全意为人民服务的根本宗旨,能否吃苦在前、享受在后,能否勤奋工作、廉洁奉公,能否为理想而奋不顾身去拼搏、去奋斗、去献出自己的全部精力乃至生命。一切迷惘迟疑的观点,一切及时行乐的思想,一切贪图私利的行为,一切无所作为的作风,都是与此格格不入的。

广大党员要经常"照镜子、正衣冠、洗洗澡、治治病"。"照镜子",主要是以党章为镜,对照党的纪律、群众期盼、先进典型,对照改进作风要求,在宗旨意识、工作作风、廉洁自律上摆问题、找差距、明方向。"正衣冠",主要是按照为民务实清廉的要求,勇于正视缺点和不足,严明党的纪律特别是政治纪律,敢于触及思想、正视矛盾和问题,从自己做起,从现在改起,端正行为,自觉把党性修养正一正、把党员义务理一理、把党纪国法紧一紧,保持共产党人良好形象。"洗洗澡",主要是以整风的精神开展批评和自我批评,深入分析发生问题的原因,清洗思想和行为上的灰尘,保持共产党人政治本色。"治治病",主要是坚持惩前毖后、治病救人方针,区别情况、对症下药,对作风方面存在问题的党员、干部进行教育提醒,对问题严重的进行查处,对不正之风和突出问题进行专项治理。通过"照镜子、正衣冠、洗洗澡、治治病",使广大党员平常时候看得出来、关键时刻站得出来、危急关头豁得出来,充分发挥先锋模范作用。

## 把不忘初心、牢记使命作为终身课题

中国共产党自 1921 年成立以来，始终把为中国人民谋幸福、为中华民族谋复兴作为自己的初心使命。不忘初心方能行稳致远，牢记使命才能开辟未来。我们党要始终保持政治本色和前进动力，就要把不忘初心、牢记使命作为加强党的建设的永恒课题，作为全体党员、干部的终身课题，让初心和使命在广大党员、干部内心深处铸牢、在思想深处扎根。不忘初心、牢记使命不是一阵子的事，而是一辈子的事。回望来时路，开启新征程，我们要努力修好不忘初心、牢记使命这一永恒课题和终身课题，把初心和使命变成锐意进取、开拓创新的精气神和埋头苦干、真抓实干的原动力。

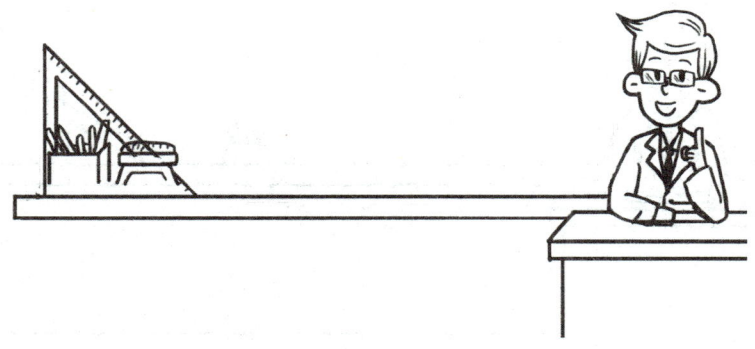

## 把全面从严治党要求落实到全体党员

党的十八大以来,以习近平同志为核心的党中央高度重视党的基层组织建设,要求把全面从严治党落实到每个支部、每名党员,推动全党形成大抓基层、大抓支部的良好态势。为此,支部和党员要力求做到:一要在强化政治功能上下功夫,着力增强"两个维护"的能力;二要在严肃党内政治生活上下功夫,着力提升自我净化、自我完善、自我革新、自我提高的水平;三要在激发支部活力上下功夫,着力增强党支部的组织力和凝聚力;四要在标准化、规范化建设上下功夫,着力提高党支部建设的质量;五要在压实主体责任上下功夫,着力构建层层抓党建责任落实的长效机制。总之,各级党组织要深入贯彻落实党的十九届六中全会精神,切实把全面从严治党要求落实到全体党员,让政治意识、大局意识、核心意识、看齐意识成为"思想底色",提高党的凝聚力、战斗力、创造力,朝着中华民族伟大复兴的目标奋勇前进。

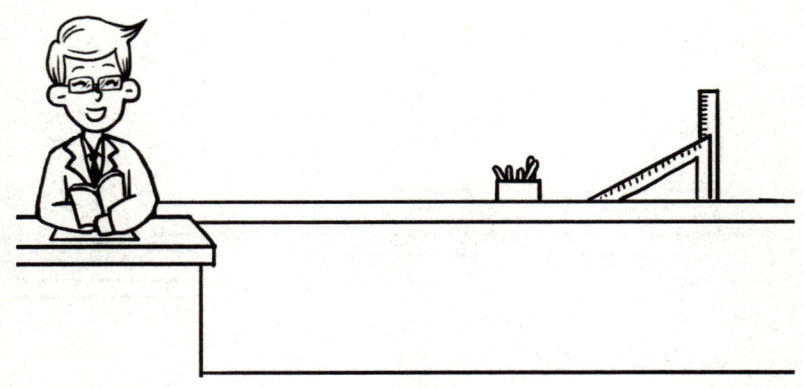

第七章

# 争做新时代的合格党员

## 牢记第一身份是共产党员

身份是一个人的基本社会属性，通常和权利、义务、责任相关联。只有不断增强身份的自我认同，才能履行好与身份相匹配的责任与义务。对于共产党员的身份，《中国共产党章程》已经作了明确阐释："中国共产党党员是中国工人阶级的有共产主义觉悟的先锋战士。"共产党员是政治身份，也必然是第一身份，不只是个人的身份标识，更是对与其相关的价值观、理想信念、行为规范的认知。

习近平总书记强调：无论在哪个方面、哪个部门、哪个地方工作的党员干部，首先要明白自己的第一身份是共产党员，第一职责是为党工作，第一目标是为民谋利，始终把党和人民放在首位，不断提高自身的能力和本领，切实为人民执好政、掌好权。党员身份不是一阵子的坚持，而是一辈子的坚守。

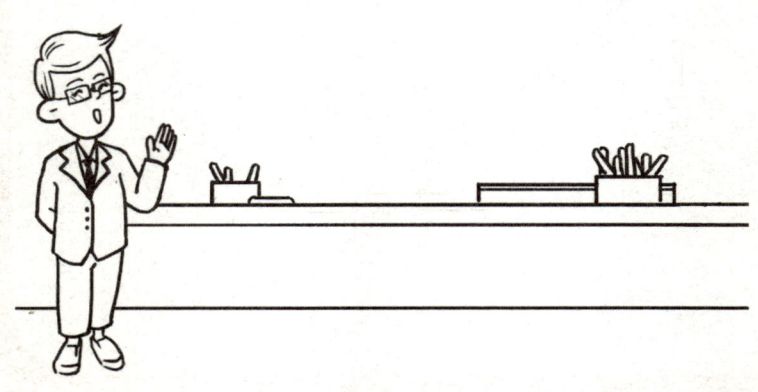

## 对照"四讲四有"标准

"四讲四有"即讲政治、有信念,讲规矩、有纪律,讲道德、有品行,讲奉献、有作为。

讲政治、有信念,就是要对党忠诚、坚定理想信念。最根本的是增强政治意识、大局意识、核心意识、看齐意识。

讲规矩、有纪律,就是要严守党的政治纪律和政治规矩。我们说的规矩,既包括党章党纪国法、规章制度,又包括党的优良传统、政治要求和道德规范等。党员讲规矩,就要知晓规矩、认同规矩、遵守规矩、维护规矩,用纪律和规矩来规范和约束自己的言行。

讲道德、有品行,就是要明大德、守公德、严私德。公德包括社会公德和职业道德,私德为家庭美德。做一名合格党员,就要上好道德修养这一人生必修课,做到心有所畏、言有所戒、行有所止。

讲奉献、有作为,强调的是履责合格,就是要践行党的宗旨、敢于担当、善于作为。

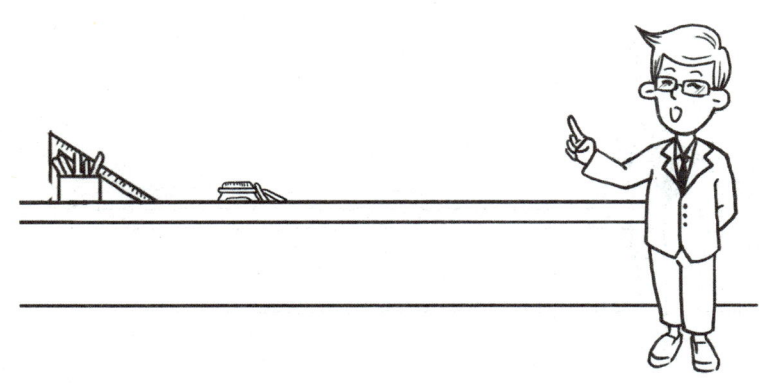

## 争做"四个合格"党员

广大党员要对照党章和"四讲四有"标准,做到政治合格、执行纪律合格、品德合格、发挥作用合格。

在政治合格方面,重点是坚定理想信念,正确把握政治方向,坚定站稳政治立场,坚决维护以习近平同志为核心的党中央权威,不断增强中国特色社会主义道路自信、理论自信、制度自信、文化自信。

在执行纪律合格方面,重点是增强组织纪律性,执行党的决定,服从组织分配,严守党的纪律特别是政治纪律和政治规矩。

在品德合格方面,重点是继承发扬党的优良传统和作风,大力弘扬忠诚老实、光明坦荡、公道正派、实事求是、艰苦奋斗、清正廉洁等共产党人价值观,带头践行社会主义核心价值观。

在发挥作用合格方面,重点是牢记党的根本宗旨,爱岗敬业、履职尽责、服务群众、奉献社会,敢担当、敢负责、敢作为,在促进改革发展稳定中作表率、当先锋。

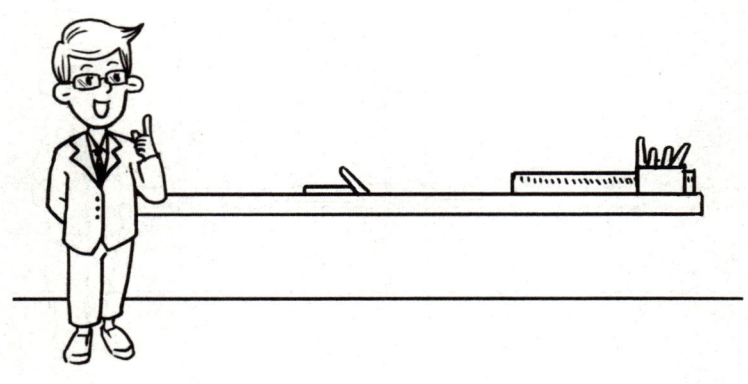

## 必须旗帜鲜明讲政治

政治问题，任何时候都是根本性的大问题。对于一个政党来说，政治问题关系党的生死存亡；对于每个党员来说，政治问题关系党性原则。旗帜鲜明讲政治，既是马克思主义政党的鲜明特征，也是我们党一以贯之的政治优势。没有强有力的政治保证，党的团结统一就是一句空话。我国曾经有过政治挂帅、搞"阶级斗争为纲"的时期，那是错误的。但是，我们也不能说政治就不讲了、少讲了，共产党不讲政治还叫共产党吗？

共产党员既要大胆讲政治，又要善于讲政治。讲政治必须提高政治判断力，讲政治必须提高政治领悟力，讲政治必须提高政治执行力，讲政治必须严以律己。共产党员旗帜鲜明讲政治，就要始终在政治上过得硬、靠得住，切实担负起党和人民赋予的政治责任。

党员要树牢"四个意识"，坚定"四个自信"，做到"两个维护"，始终在政治立场、政治方向、政治原则、政治道路上同党中央保持高度一致；忠诚核心、拥戴核心、维护核心、紧跟核心，提高政治能力、把准政治方向、站稳政治立场，在任何情况下都做到政治信仰不变、政治立场不移、政治方向不偏；严守党的政治纪律和政治规矩，在贯彻落实党中央和上级的决策部署上，决不做选择、打折扣、搞变通。

## 做政治上的明白人

广大党员和领导干部只有自觉做政治上的明白人,切实提高政治站位、坚定政治立场、强化政治担当,才能全力以赴抓好各项工作落实。

做政治上的明白人,要自觉同党的基本理论、基本路线、基本方略对标对表,同党中央决策部署对标对表,提高政治站位,把准政治方向,坚定政治立场,明确政治态度,严守政治纪律,经常校正偏差,做到党中央提倡的坚决响应、党中央决定的坚决照办、党中央禁止的坚决杜绝。

做政治上的明白人,要培养从政治上看问题、想问题、做工作的能力与水平。必须经常对标对表党的立场原则宗旨,对照习近平新时代中国特色社会主义思想和党中央决策部署,对照党章党规,对照人民群众新期待,对照先进典型、身边榜样,及时矫正个人思想与行为偏差,自觉抵制和克服对党中央阳奉阴违做两面人、搞两面派、搞"伪忠诚"现象。还必须做克服事务主义、本位主义的表率,防范那种专注事务、忽视政治,专注业务、忽视党建的现象。

做政治上的明白人,要强化政治担当。广大党员和领导干部要"不畏浮云遮望眼",把对党忠诚、为党分忧、为党尽职、为民造福作为根本政治担当,自觉增强对党负责、对国家负责、对民族负责、对人民负责的责任心和事业心。

## "谁都不能拿政治纪律和政治规矩当儿戏"

习近平总书记强调，政治纪律和政治规矩这根弦不能松。干部在政治上出问题，对党的危害不亚于腐败问题，有的甚至比腐败问题更严重。在政治问题上，任何人同样不能越过红线，越过了就要严肃追究其政治责任。有些事情在政治上是绝不能做的，做了就要付出代价，"谁都不能拿政治纪律和政治规矩当儿戏"。广大党员、干部特别是领导干部要敢于同一切弱化党的领导、动摇党的执政基础、违反党的政治纪律和政治规矩的行为作斗争，坚决克服党内存在的突出问题。要坚持守正和创新相统一，坚守党的性质宗旨、理想信念、初心使命不动摇，同时要以新的理念、思路、办法、手段解决好党内存在的各种矛盾和问题。

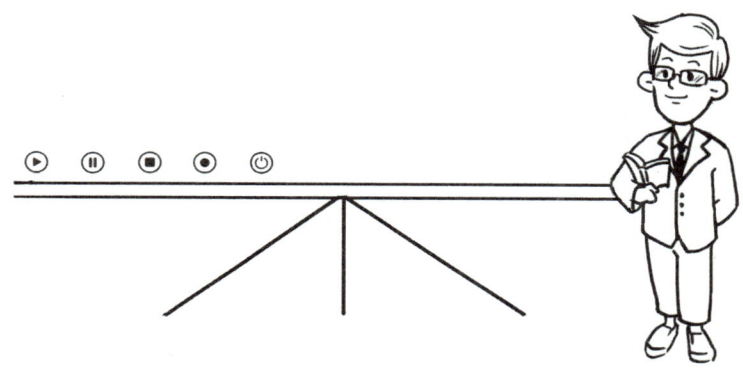

## 让纪律成为管党治党的尺子

用纪律治党，用规矩治党，是习近平总书记的一贯思想，也是党的十八大以来全面从严治党的一个突出特色。习近平总书记强调，要把纪律建设摆在更加突出位置，坚持纪严于法、纪在法前，健全完善制度，深入开展纪律教育，狠抓执纪监督，养成纪律自觉，用纪律管住全体党员。党纪严于国法，必须让纪律成为管党治党的尺子、不可逾越的底线。这些论述，既强调了党内法规制度在党和国家制度体系中的作用，也为我们坚持制度治党、依规治党，推进全面从严治党指明了方向。

让纪律成为管党治党的尺子，首先，要把党规党纪立起来。党章是党的根本大法，是全党必须遵循的总规矩。坚持党要管党、从严治党，首要的就是严格按照党章、党规办事。其次，要运用好监督执纪"四种形态"。最后，既要抓住关键少数，又要解决普遍多数，推动党内教育从"关键少数"向全体党员拓展、从集中教育向经常性教育延伸。

## 遵守党的政治纪律

严明党的纪律,首要的就是严明政治纪律。党的纪律是多方面的,但政治纪律是最重要、最根本、最关键的纪律,遵守党的政治纪律是遵守党的全部纪律的重要基础。政治纪律是各级党组织和全体党员在政治方向、政治立场、政治言论、政治行为方面必须遵守的规矩,是维护党的团结统一的根本保证。遵守党的政治纪律,最核心的,就是坚持党的领导,坚持党的基本理论、基本路线、基本纲领、基本经验、基本要求,同党中央保持高度一致,自觉维护中央权威。在指导思想和路线方针政策以及关系全局的重大原则问题上,必须在思想上政治上行动上同党中央保持高度一致,不允许公开发表同党中央决定相反的意见,不允许在群众中散布违背党的理论和路线方针政策的意见,不允许制造、传播政治谣言及丑化党和国家形象的言论。每一名共产党员特别是领导干部都要牢固树立党章意识,自觉用党章规范自己的一言一行,在任何情况下都要做到政治信仰不变、政治立场不移、政治方向不偏。

当前,遵守政治纪律和政治规矩,重点要做到以下五个方面。一是必须维护党中央权威,决不允许背离党中央要求另搞一套,全党同志特别是各级领导干部在任何时候任何情况下都必须在思想上政治上行动上同党中央保持高度一致,听从党中央指挥,不得阳奉阴违、自行其是,不得对党中央的大政方针说三道四,不得公开发表同中央精神相违背的言论。二是必须维护党的团结,决不允许在党内培植私人势力,要坚持五湖四海,团结一切忠实于党的同志,团结大多数,不得以人划线,不得搞任何形式的派别活动。三是必须遵循组织程序,决不允许擅作主张、我行我素,重大问题该请示的请示,该汇报的汇报,不允许超越权限办事,不能先斩后奏。四是必须服从组织决定,决不允许搞非组织活动,不得跟组织讨价还价，不得违背组织决定，遇到问题要找组织、依靠组织，不得欺骗组织、对抗组织。五是必须管好亲属和身边工作人员，决不允许他们擅权干政、谋取私利，不得纵容他们影响政策制定和人事安排、干预正常工作运行，不得默许他们利用特殊身份谋取非法利益。

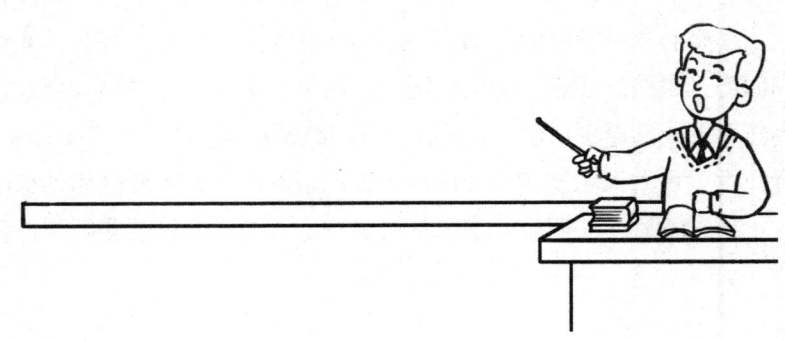

## 遵守党的组织纪律

组织纪律是我们党的纪律的重要组成部分,是处理党组织之间、党员个体之间以及党组织与党员个体之间关系的规范。我们党是靠革命理想和铁的纪律组织起来的马克思主义政党,纪律严明是党的光荣传统和独特优势。党面临的形势越复杂、肩负的任务越艰巨,就越要加强纪律建设,越要维护党的团结统一,确保全党统一意志、统一行动、步调一致前进。

严明组织纪律必须强化"四种意识"。一是强化党员意识,提高恪守组织纪律的自觉性。党员和领导干部要毫无例外地把自己置于党的组织之下,正确处理个人与组织的关系,既要相信组织、依靠组织、服从组织,又要拥护组织、维护组织、服务组织,任何时候都与党同心同德、同向同行。二是强化服从意识,坚决维护组织纪律的权威性。个人服从组织、少数服从多数、下级组织服从上级组织、全党服从中央。其中,最重要的是全党服从中央。各级党组织和所有党员必须在思想上政治上行动上同以习近平同志为核心的党中央保持高度一致,自觉维护中央权威,确保有令必行、有禁必止,杜绝"上有政策、下有对策"。三是强化责任意识,保持遵守组织纪律的一贯性。党员和领导干部要不断增强遵守组织纪律的自觉性,严格遵守党纪国法;能够对上负责、对下负责、对己负责,自觉做到自律和他律的统一;能够对组织忠诚老实,坚决执行组织决定、服从组织安排,自觉接受组织的监督和检查。四是强化底线意识,增强执行组织纪律的严肃性。党的纪律是铁的纪律,组织纪律是碰不得的高压线。广大党员和领导干部要自觉做遵守纪律的表率,既在八小时内严守纪律,也在八小时外严守纪律,心存敬畏、守住底线,不踩"黄线"、不越"红线"。

## 遵守党的廉洁纪律

　　廉洁自律是党永葆先进性和纯洁性以及创造力凝聚力战斗力的重要法宝，是新时代党团结带领人民实现"两个一百年"奋斗目标的基本要求，是坚定不移把党风廉政建设和反腐败斗争进行到底的现实需要。广大党员和领导干部要站在推进党自我革命、确保党长期执政的高度，深刻认识党员领导干部廉洁自律的重要性和紧迫性，教育广大党员领导干部牢记党的宗旨，加强党性修养，提高思想觉悟，着力增强保持清正廉洁的思想自觉和行动自觉，主动在思想上划出红线，在行为上明确界限，真正敬法畏纪、遵规守矩，永葆党的肌体健康和队伍纯洁。

　　党员和领导干部能否廉洁自律，最根本的是要做到内心的坚定和清正。要增强廉洁从政意识，强化自我修炼、自我约束，严以修身、严以用权、严以律己。要认真落实廉洁从政若干准则和中央八项规定精神，严格执行廉洁从政规定。要加强对配偶、子女的教育和管理，纯洁生活圈、交往圈，坚决并始终守住做人、处事、用权、交友的底线，保持清正廉洁的政治品格。

## 遵守党的群众纪律

党的群众纪律，指党组织和党员处理与人民群众之间关系的行为规范，也就是党处理党群关系的准则。党的群众纪律要求各级党组织和共产党员，必须坚持党的全心全意为人民服务的宗旨，随时随地维护人民群众的利益，不允许以任何借口、任何形式侵占和损害人民群众的利益。严明的群众纪律，是我们党区别于其他政党的显著标志之一，是无产阶级政党的先进性的具体体现。严守群众纪律，要坚持以人民为中心的发展思想，认真贯彻执行党的群众路线，锻造优良党风政风。

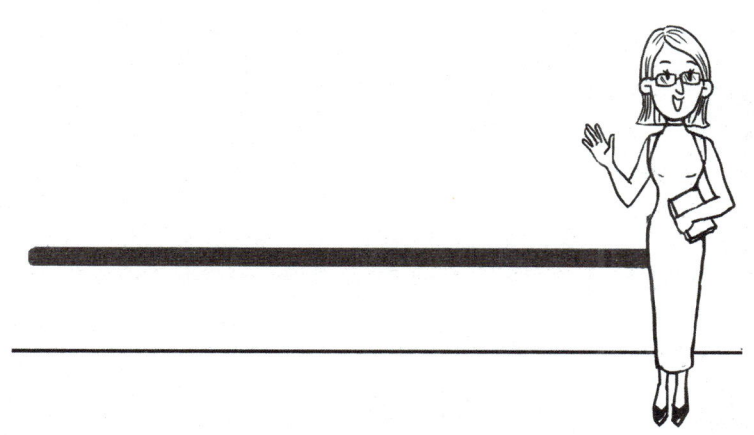

## 遵守党的工作纪律

工作纪律是党组织和党员在党的各项具体工作中必须遵循的行为规则，是党组织和党员依规开展各项工作的重要保证。新修订的《中国共产党纪律处分条例》第十章"对违反工作纪律行为的处分"，主要对管党治党失职渎职的违纪行为作出处分规定，增加了党组织不履行全面从严治党主体责任，违规干预和插手市场经济活动，违规干预和插手司法活动、执纪执法活动，泄露、扩散或者窃取涉密资料等违纪条款。严守工作纪律，要树立正确政绩观、事业观，不折不扣贯彻落实党的路线方针政策和中央决策部署，做到守土有责、守土负责、守土尽责。

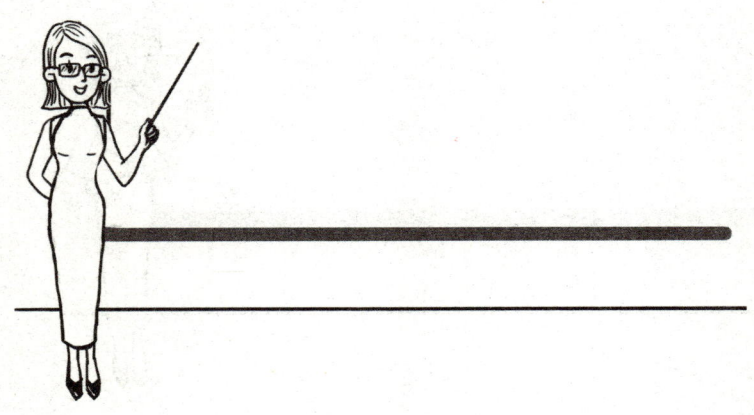

## 遵守党的生活纪律

生活纪律是党员在日常生活和社会交往中应当遵守的行为规则，具体来说就是工作八小时之外应当遵循的行为准则。不少党员干部能够在日常工作中严格执行党的纪律，却容易在生活纪律方面掉以轻心。人民群众在工作时间同党员干部接触机会较少，但是工作之外的个人生活中，党员的一言一行人民群众都看在眼里记在心上，并且经由口口传播，迅速小范围内传播开来。俗话说好事不出门坏事传千里，奢靡之始危亡之渐，如果党员干部在家庭生活、社会道德方面有问题，最终影响的是党的形象。党员干部要严守生活纪律，坚持自重自省、慎独慎微，自觉净化朋友圈、管好身边人，做到廉洁修身、廉洁齐家。

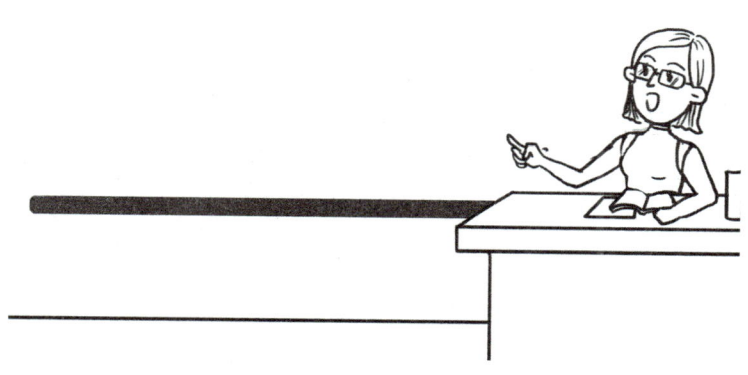

# 遵守社会公德

"国无德不兴，人无德不立。"社会公德是人在社会生活中的行为准则，是维护社会生活正常进行的行为规范。社会公德貌似小节，却关系到社会全面进步，关系到物质文明建设的质量和品位，直接影响着一个国家的社会秩序、社会风气、社会凝聚力。社会公德的内容是对公共生活中的方方面面提出的基本规范和要求。

社会公德的主要内容表现为文明礼貌、助人为乐、爱护公物、保护环境、遵纪守法。

文明礼貌是调整和规范人际关系的行为准则，与我们每个人的日常生活密切相关。文明礼貌是路上相遇时的微笑，是与人相处时的尊重，是沟通感情的桥梁。它反映着一个人的道德修养，体现着一个民族的整体素质。党员应当自觉讲文明、懂礼貌、守礼仪，塑造真诚待人、礼让宽容的良好形象。

助人为乐。在公共生活中，每个人都会遇到困难和问题，总有需要他人帮助和关心的时候。把帮助他人视为自己应做之事，是每个社会成员应有的社会公德，是有爱心的表现。"赠人玫瑰，手有余香"，党员应当尽自己的努力帮助他人，积极参与公益事业，以力所能及的方式关心和关爱他人，并在对他人的关心和帮助中收获实现人生价值的快乐。

爱护公物。对社会共同劳动成果的珍惜和爱护，是每个公民应该承担的社会责任和义务，它既显示出个人的道德修养水平，也是社会文明水平的重要标志。如果社会公共财物遭到破坏，社会的利益就会受到损害。党员要增强社会主人翁责任感，珍惜国家、集体财产，爱护公物，特别要保护社会公用设施，坚决同损害公共财产、破坏公物的行为作斗争。

保护环境。生态环境保护是功在当代、利在千秋的事业。人类发展活动必须尊重自然、顺应自然、保护自然，否则就会遭到大自然的报复。党员要像对待生命一样对待生态环境，身体力行，倡导简约适度、绿色低碳的生活方式，为留下天蓝、地绿、水清的生产生活环境，为建设美丽中国作出自己应有的贡献。

遵纪守法。遵纪守法是全体公民都必须遵循的基本行为准则，是维护公共生活秩序的重要条件。在社会生活中，每个社会成员既要遵守国家颁布的有关法律、法规，也要遵守特定公共场所和单位的有关纪律规定。全面依法治国需要每个人都遵纪守法，树立规则意识。党员应当全面了解公共生活领域中的各项法律法规，牢固树立法治观念，以遵纪守法为荣，以违法乱纪为耻，自觉遵守有关的纪律和法律。

党员要自觉践行以文明礼貌、助人为乐、爱护公物、保护环境、遵纪守法为主要内容的社会公德，在社会上做一个好公民。

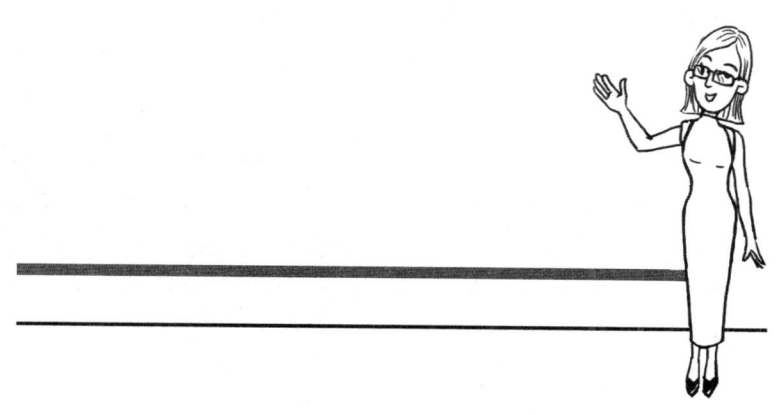

## 遵守职业道德

　　职业生活中的道德规范，不仅对各行各业的从业者具有引导和约束作用，而且也是促进社会持续健康、有序发展的必要条件。职业生活中的道德规范即职业道德，是指从事一定职业的人在职业生活中应当遵循的具有职业特征的道德要求和行为准则，涵盖了从业人员与服务对象、职业与职工、职业与职业之间的关系。

　　爱岗敬业、诚实守信、办事公道、服务群众和奉献社会是职业生活中的基本道德规范。

　　爱岗敬业。爱岗敬业反映的是从业人员对待自己职业的一种态度，也是一种内在的道德需要。它体现的是从业者热爱自己的工作岗位、对工作极端负责、敬重自己所从事职业的道德操守，是从业者对工作勤奋努力、恪尽职守的行为表现。爱岗敬业就是要干一行爱一行，爱一行钻一行，精益求精，尽职尽责。

　　诚实守信。诚实守信在我国思想道德建设中具有特殊重要的作用，它既是中华民族的传统美德，也是我国公民道德建设的重点，还是社会主义核心价值观的一条重要准则。在职业道德中，诚实守信是对从业者的道德要求。它不仅是从业者步入职业殿堂的通行证，体现着从业者的道德操守和人格力量，也是在行业中扎根立足的基础。职业道德中的诚实守信，要求从业者在职业活动中诚实劳动、合法经营、信守承诺、讲求信誉。

　　办事公道。以公道之心办事，是职业活动所必须遵守的道德要求。办事公道，就是要求从业人员做到公平、公正，不损公肥私，不以权谋私，不假公济私。在社会主义制度下，从业者之间以及从业者与服务对象之间都是平等的。他们的职业差别只是所从事的工作不同，而不是个人地位高低贵贱的象征。在职业生活中，无论对人对己都要出于公心，遵循道德和法律规范来处事待人。

服务群众。为人民服务是社会主义道德的核心,各行各业的从业人员都要以服务群众为目标。在社会主义社会,每个人无论从事什么工作、能力如何,都应该在本职岗位上通过不同形式为群众服务。如果每一个从业人员都能自觉遵循服务群众的要求,社会就会形成人人都是服务者、人人又都是服务对象的良好秩序与和谐状态。

奉献社会。奉献社会就是要求从业人员在自己的工作岗位上兢兢业业地为社会和他人作贡献。这是社会主义职业道德中最高层次的要求,体现了社会主义职业道德的最高目标指向。爱岗敬业、诚实守信、办事公道、服务群众,都体现了奉献社会的精神。

党员要践行以爱岗敬业、诚实守信、办事公道、服务群众、奉献社会为主要内容的职业道德,在工作中做一个好建设者。

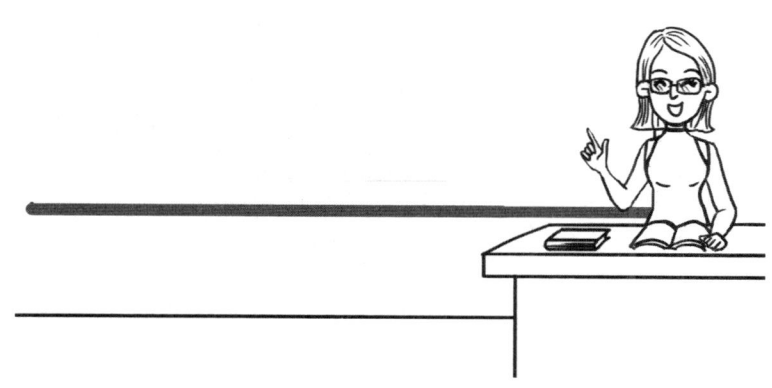

## 修养家庭美德

家庭美德以尊老爱幼、男女平等、夫妻和睦、勤俭持家、邻里团结为主要内容，在维系和谐美满的婚姻家庭关系中具有重要而独特的功能。

其一，尊老爱幼。我国自古以来就倡导"老有所终，幼有所养"，形成了尊老爱幼的良好家庭道德传统。子女要孝敬、赡养父母及长辈，父母要抚育、爱护子女，这不仅是每个公民必须遵守的道德准则，也是应尽的社会责任和法律义务。要保护老人、儿童的合法权益，坚决反对虐待、遗弃老人和儿童的行为。

其二，男女平等。家庭生活中的男女平等既表现为夫妻权利和义务上的平等、人格地位上的平等，又表现为平等地对待自己的子女。坚持男女平等，特别要尊重和保护妇女的合法权益，反对歧视和迫害妇女的行为。

其三，夫妻和睦。夫妻关系是家庭关系的核心。夫妻和睦是在男女平等基础上的互敬互爱、互助互让。

其四，勤俭持家。勤俭是家庭兴旺的保证，也是社会富足的保证。勤俭持家既要勤劳致富，也要量入为出。

其五，邻里团结。邻里团结重要的是相互尊重，尊重对方的人格、民族习惯、生活方式、兴趣爱好等，做到互谅互让，互帮互助，宽以待人，团结友爱。

党员要自觉践行以尊老爱幼、男女平等、夫妻和睦、勤俭持家、邻里团结为主要内容的家庭美德，在家庭里做一个好成员。

## 用良好家教家风涵育道德品行

家庭是社会的基本细胞，是道德养成的起点。广大党员要弘扬中华民族传统家庭美德，倡导现代家庭文明观念，推动形成爱国爱家、相亲相爱、向上向善、共建共享的社会主义家庭文明新风尚，让美德在家庭中生根、在亲情中升华。通过多种方式，引导广大家庭重言传、重身教，教知识、育品德，以身作则、耳濡目染，用正确的道德观念塑造孩子美好心灵；自觉传承中华孝道，感念父母养育之恩、感念长辈关爱之情，养成孝敬父母、尊敬长辈的良好品质；倡导忠诚、责任、亲情、学习、公益的理念，让家庭成员相互影响、共同提高，在为家庭谋幸福、为他人送温暖、为社会作贡献过程中提高精神境界、培育文明风尚。

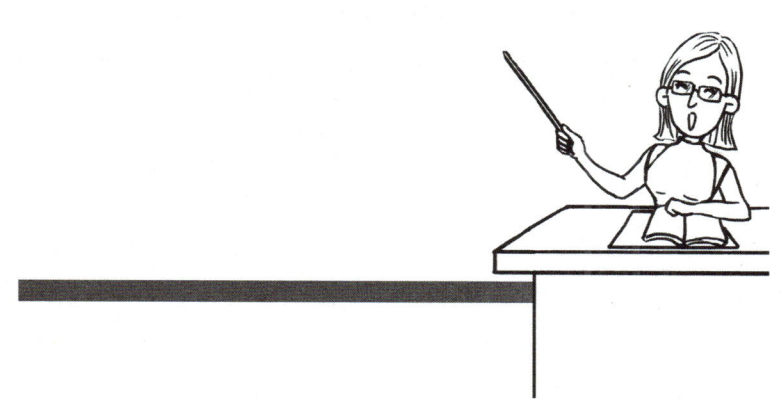

## 注重家教家风建设

家庭是社会的基本细胞,是人生的第一所学校。不论时代发生多大变化,生活格局发生多大变化,都要重视家庭建设,注重家庭、家教、家风。

注重家庭。家庭和睦则社会安定,家庭幸福则社会祥和,家庭文明则社会文明。历史和现实告诉我们,家庭的前途命运同国家和民族的前途命运紧密相连。我们要认识到,千家万户都好,国家才能好,民族才能好。国家富强,民族复兴,人民幸福,不是抽象的,最终要体现在千千万万个家庭的幸福美满之上,体现在亿万人民生活的不断改善之上。同时,我们还要认识到,国家好,民族好,家庭才能好。只有实现中华民族伟大复兴的中国梦,家庭梦才能梦想成真。

注重家教。家庭是人生的第一个课堂,父母是孩子的第一任老师。家庭教育涉及很多方面,但最重要的是品德教育,是如何做人的教育,也就是古人说的"爱子,教之以义方""爱之不以道,适所以害之也"。家庭环境对下一代的影响很大,往往可以影响一个人的一生。注重家教,应该把美好的道德观念从小就传递给孩子,引导他们有做人的气节和骨气,帮助他们形成美好心灵,促使他们健康成长。

注重家风。家风是指一个家庭或家族的传统风尚或作风。良好的家风,对家庭成员的个人修养产生着重要的作用,也对整个社会道德风尚的形成产生着重要的影响。家风好,就能家道兴盛、和顺美满;家风差,难免殃及子孙、贻害社会,正所谓"积善之家,必有余庆;积不善之家,必有余殃"。诸葛亮诫子格言、颜氏家训、朱子家训等,都是在倡导一种家风。党员要继承和弘扬优良家风,促进家庭和谐。

千千万万个家庭是国家发展、民族进步、社会和谐的重要基点,是人们梦想启航的地方。广大党员应该积极参与家庭文明建设,推动形成爱国爱家、相亲相爱、向上向善、共建共享的社会主义家庭文明新风尚。

## 修养个人品德

个人品德在社会道德建设中具有基础性作用。在现实生活中，社会公德、职业道德和家庭美德的状况，最终都是以每个社会成员的道德品质为基础的。社会公德、职业道德和家庭美德建设，最终都要落实到个人品德的养成上。

个人品德是通过社会道德教育和个人自觉的道德修养所形成的稳定的心理状态和行为习惯。它是个体对某种道德要求认同和践履的结果，集中体现了道德认知、道德情感、道德意志、道德信念和道德行为的内在统一。个人品德主要体现在爱国奉献、明礼守法、厚德仁爱、正直善良、勤劳勇敢等要求。无论是社会的和谐有序，还是个人的人格健全，都有赖于个人品德的不断提升。

党员要不断提升个人的道德修养和境界，自觉践行以爱国奉献、明礼遵规、勤劳善良、宽厚正直、自强自律为主要内容的个人品德，在日常生活中养成好品行。

## 保持高尚道德情操和健康生活情趣

道德问题是做人的首要的基本问题。古人说:"百行以德为首",讲的就是这个道理。大量情况表明,道德情操与生活情趣是密切联系在一起的。许多腐败分子走上犯罪道路,大多是从操守不严、品行不端、道德败坏开始的。因此,党员、干部要自觉践行社会主义荣辱观,培养高尚的道德情操和健康生活情趣,始终保持蓬勃朝气、昂扬锐气、浩然正气,用自己的模范行为和高尚人格感召群众,引领社会风尚。

## 把加强道德修养作为人生必修课

道德问题始终是党员干部做人为官的首要问题。毛泽东曾深刻阐述了"为人民服务"的道德观,要求全党同志要做"一个高尚的人,一个纯粹的人,一个有道德的人,一个脱离了低级趣味的人,一个有益于人民的人"[1]。习近平总书记指出:面对纷繁复杂的社会现实,党员特别是领导干部务必"把加强道德修养作为十分重要的人生必修课","努力以道德的力量去赢得人心、赢得事业成就"[2]。习近平总书记的讲话,内涵深刻、寓意深远,具有很强的思想性、指导性和针对性,为新形势下党员干部加强道德修养指明了方向,提供了遵循。

党员和领导干部要切实加强道德修养,不断提高道德认识、陶冶道德情操、锤炼道德意志、提升道德境界,打牢道德防线、坚守道德底线、夯实道德基础,养成共产党人的高风亮节,做社会主义道德的示范者、诚信风尚的引领者、公平正义的维护者,以自己高尚的道德品行影响和感染身边的群众,以共产党人的道德人格力量去赢得人心、凝聚人心。只有这样,才能激励人民群众崇德向善、见贤思齐,鼓励全社会积善成德、明德惟馨,推动全社会形成和保持良好的道德风尚,才能为实现中国梦凝聚起强大的精神力量和有力的道德支撑,汇集起实现中国梦的磅礴力量。

---

[1] 《毛泽东选集》第2卷,人民出版社1991年版,第660页。

[2] 《习近平在河南考察时强调 深化改革发挥优势创新思路统筹兼顾 确保经济持续健康发展社会和谐稳定》,《人民日报》2014年5月11日。

## 把人民放在心中最高位置

习近平总书记在庆祝中国共产党成立100周年大会上强调："江山就是人民、人民就是江山，打江山、守江山，守的是人民的心。"[①]党的十九届六中全会通过的《中共中央关于党的百年奋斗重大成就和历史经验的决议》，更是将"坚持人民至上"作为党百年奋斗的十条历史经验之一。我们党的百年历史，就是一部践行党的初心使命的历史，就是一部党与人民心连心、同呼吸、共命运的历史。为人民而生，因人民而兴，始终同人民在一起，为人民利益而奋斗，是我们党立党兴党强党的根本出发点和落脚点。

各级党组织要在为民服务上力行，教育引导广大党员、干部始终把人民放在心中最高位置，当好人民群众的知心人、贴心人、领路人，用心用情用力解决好群众急难愁盼问题，努力推动全体人民共同富裕取得更加明显的实质性进展。坚持人民立场、人民至上，坚持不懈为群众办实事做好事，凝聚矢志民族复兴的磅礴力量，我们就一定能创造无愧于党、无愧于人民、无愧于时代的业绩。

---

① 《在庆祝中国共产党成立100周年大会上的讲话》，《人民日报》2021年7月2日。

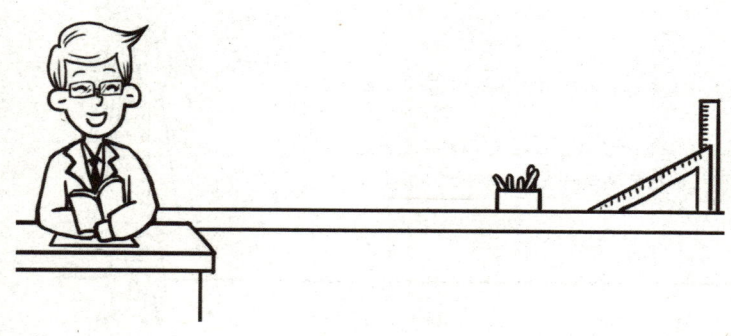

## 对党忠诚、个人干净、敢于担当

习近平总书记要求党员和领导干部要"对党忠诚、个人干净、敢于担当"。对党忠诚是党员和领导干部的立身之本。对党忠诚,就是要做到在党言党、在党忧党、在党为党。要增强对伟大祖国的认同,对中华民族的认同,对中华文化的认同,对中国特色社会主义的认同,把"中国梦"作为理想并加以努力实现。个人干净是党员和领导干部的从政底线。干净就是思想纯洁、为官廉洁、形象清洁。党员和领导干部要自觉用法纪来约束自己,用道德来规范言行,常怀畏惧之心,敬畏人民、敬畏法纪、敬畏组织、敬畏权力,做到慎独、慎初、慎微和自重、自省、自警。敢于担当是党员和领导干部的履职标准。敢于担当是一种政治品格,不仅要体现在谋事创业上,还要体现在各种矛盾斗争中。面对大是大非不装聋作哑,要敢于亮剑;面对歪风邪气不随波逐流,要敢于坚持原则。要发扬共产党人的"认真"精神,立足岗位践行全心全意为人民服务,切实做到为党分忧、为国尽责、为民奉献,"对党忠诚、个人干净、敢于担当"是修身之本、为政之道、成事之要。党员和领导干部要将其作为座右铭,融入党性修养和各项工作的全过程,内化于心净灵魂,外化于行做好事。

## 充分发挥先锋模范作用

习近平总书记指出,"党员、干部要充分发挥先锋模范作用"①,团结凝聚广大基层群众为创造更加美好的新生活而努力奋斗。广大党员、干部要冲到一线,守土有责、守土担责、守土尽责,集中精力、心无旁骛把每一项工作、每一个环节都做到位。要教育引导广大党员、干部通过参观学习,更加自觉地不忘初心、牢记使命,增强"四个意识",坚定"四个自信",始终在思想上政治上行动上同以习近平同志为核心的党中央保持高度一致,坚定理想信念,学好用好党的创新理论,赓续红色血脉,发扬光荣传统,发挥先锋模范作用,团结带领全国各族人民,更好立足新发展阶段、贯彻新发展理念、构建新发展格局,全面做好改革发展稳定各项工作,汇聚起全面建设社会主义现代化国家、实现中华民族伟大复兴中国梦的磅礴力量。

---

① 习近平:《在基层代表座谈会上的讲话》,人民出版社2020年版,第8页。

## "把党徽戴起来,把身份亮出来,把形象立起来"

"一名党员就是一面旗帜"。党徽是党的象征,是党员身份的标志,每位共产党员应自觉佩戴。党内重大活动和党内重要会议时,党员必须佩戴党徽;窗口部门在工作时间必须佩戴党徽,自觉亮明党员身份,规范言行举止。佩戴党徽不仅仅是一种责任,更是一种使命,主旨在于唤醒党员意识,利于党员认真履行党员义务,加强自我教育,便于密切党群关系,主动接受群众的监督。更重要的是能使党员始终不忘身份,党徽一挂,责任重大;身份一亮,要做榜样。

把党徽戴起来,把身份亮出来,把形象立起来,有助于增强党员的党性意识、责任意识、宗旨意识,增强党员的归属感、光荣感、责任感、使命感,切实发挥好党员的先锋模范作用,无愧于党员的光荣称号。党员在日常的工作生活中,应时刻牢记自己是一名共产党员,树牢"四个意识",坚定"四个自信",坚决做到"两个维护",自觉在思想上政治上行动上同以习近平同志为核心的党中央保持高度一致。将党员的责任铭记在心中,将党性的意识体现在行动中。

## "关键时刻冲得上去、危难关头豁得出来"

"关键时刻冲得上去、危难关头豁得出来,才是真正的共产党人"。2020年2月23日,习近平总书记在统筹推进新冠肺炎疫情防控和经济社会发展工作部署会议上的讲话中指出,在统筹推进疫情防控和经济社会发展工作中,各级干部特别是领导干部必须增强必胜之心,拿出战胜一切敌人而不被任何敌人所屈服的大无畏革命气魄,勇当先锋,敢打头阵,用行动展现共产党人政治本色;必须增强责任之心,把初心落在行动上、把使命担在肩膀上,在其位谋其政,在其职尽其责,主动担当、积极作为;必须增强仁爱之心,当好人民群众贴心人,及时解决群众所急所忧所思所盼;必须增强谨慎之心,对风险因素要有底线思维,对解决问题要一抓到底,一时一刻不放松,一丝一毫不马虎,直至取得最后胜利。

2021年2月20日,习近平总书记在党史学习教育动员大会上的讲话中进一步强调要强化公仆意识和为民情怀,首先是立足本职岗位为人民服务,发挥好共产党员先锋模范作用,还要从最困难的群众入手、从最突出的问题抓起、从最现实的利益出发,切实解决基层的困难事、群众的烦心事。

## 牢记一个根本问题

2021年11月11日，党的十九届六中全会通过的《中共中央关于党的百年奋斗重大成就和历史经验的决议》，要求全体共产党员牢记"一个根本问题"，这就是：全党要牢记中国共产党是什么、要干什么这个根本问题，把握历史发展大势，坚定理想信念，牢记初心使命，始终谦虚谨慎、不骄不躁、艰苦奋斗，从伟大胜利中激发奋进力量，从弯路挫折中吸取历史教训，不为任何风险所惧，不为任何干扰所惑，决不在根本性问题上出现颠覆性错误，以咬定青山不放松的执着奋力实现既定目标，以行百里者半九十的清醒不懈推进中华民族伟大复兴。

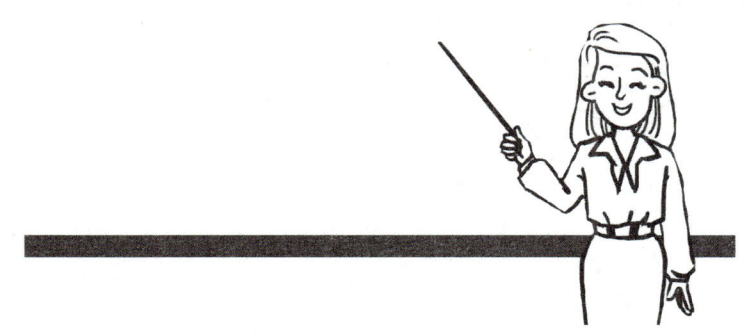

## 响应一个伟大号召

2021年11月11日，党的十九届六中全会通过的《中共中央关于党的百年奋斗重大成就和历史经验的决议》，向全党发出庄严号召：党中央号召，全党全军全国各族人民要更加紧密地团结在以习近平同志为核心的党中央周围，全面贯彻习近平新时代中国特色社会主义思想，大力弘扬伟大建党精神，勿忘昨天的苦难辉煌，无愧今天的使命担当，不负明天的伟大梦想，以史为鉴、开创未来，埋头苦干、勇毅前行，为实现第二个百年奋斗目标、实现中华民族伟大复兴的中国梦而不懈奋斗。我们坚信，在过去一百年赢得了伟大胜利和荣光的中国共产党和中国人民，必将在新时代新征程上赢得更加伟大的胜利和荣光！

# 附录一

# 中共中央关于党的百年奋斗重大成就和历史经验的决议

（2021年11月11日中国共产党第十九届中央委员会第六次全体会议通过）

## 序　言

中国共产党自一九二一年成立以来，始终把为中国人民谋幸福、为中华民族谋复兴作为自己的初心使命，始终坚持共产主义理想和社会主义信念，团结带领全国各族人民为争取民族独立、人民解放和实现国家富强、人民幸福而不懈奋斗，已经走过一百年光辉历程。

一百年来，党领导人民浴血奋战、百折不挠，创造了新民主主义革命的伟大成就；自力更生、发愤图强，创造了社会主义革命和建设的伟大成就；解放思想、锐意进取，创造了改革开放和社会主义现代化建设的伟大成就；自信自强、守正创新，创造了新时代中国特色社会主义的伟大成就。党和人民百年奋斗，书写了中华民族几千年历史上最恢宏的史诗。

总结党的百年奋斗重大成就和历史经验，是在建党百年历史条件下开启全面建设社会主义现代化国家新征程、在新时代坚持和发展中国特色社会主义的需要；是增强政治意识、大局意识、核心意识、看齐意识，坚定道路自信、理论自信、制度自信、文化自信，做到坚决维护习近平同志党中央的核心、全党的核心地位，坚决维护党中央权威和集中统一领导，确保全党步调一致向前进的需要;是推进党的自我革命、提高全党斗争本领和应对风险挑战能力、永葆党的生机活力、团结带领全国各族人民为实现中华民族伟大复兴的中国梦而继续奋斗的需要。全党要坚持唯物史观和正确党史观,从党的百年奋斗中看清楚过去我们为什么能够成功、弄明白未来我们怎样才能继续成功,从而更加坚定、更加自觉地践行初心使命,在新时代更好坚持和发展中国特色社会主义。

一九四五年党的六届七中全会通过的《关于若干历史问题的决议》、一九八一年党的十一届六中全会通过的《关于建国以来党的若干历史问题的决议》,实事求是总结党的重大历史事件和重要经验教训,在重大历史关头统一了全党思想和行动,对推进党和人民事业发挥了重要引领作用,其基本论述和结论至今仍然适用。

## 一、夺取新民主主义革命伟大胜利

新民主主义革命时期,党面临的主要任务是,反对帝国主义、封建主义、官僚资本主义,争取民族独立、人民解放,为实现中华民族伟大复兴创造根本社会条件。

中华民族是世界上古老而伟大的民族,创造了绵延五千多年的灿烂文明,为人类文明进步作出了不可磨灭的贡献。一八四〇年鸦片战争以后,由于西方列强入侵和封建统治腐败,中国逐步成为半殖民地半封建社会,国家蒙辱、人民蒙难、文明蒙尘,中华民族遭受了前所未有的劫难。为了拯救民族危亡,中国人民奋起反抗,仁人志士奔走呐喊,进行了可歌可泣的斗争。太平天国运动、洋务运动、戊戌变法、义和团运动接连而起,各种救国方案轮番出台,但都以失败告终。孙中山先生领导的辛亥革命推翻了统治中国几千年的君主专制制度,但未能改变中国半殖民地半封建的社会性质和中国人民的悲惨命运。中国迫切需要新的思想引领救亡运动,迫切需要新的组织凝聚革命力量。

十月革命一声炮响,给中国送来了马克思列宁主义。五四运动促进了马克思主义在中国的传播。在中国人民和中华民族的伟大觉醒中，在马克思列宁主义同中国工人运动的紧密结合中，一九二一年七月中国共产党应运而生。中国产生了共产党，这是开天辟地的大事变，中国革命的面貌从此焕然一新。

党深刻认识到，近代中国社会主要矛盾是帝国主义和中华民族的矛盾、封建主义和人民大众的矛盾。实现中华民族伟大复兴，必须进行反帝反封建斗争。

建党之初和大革命时期，党制定民主革命纲领，发动工人运动、青年运动、农民运动、妇女运动，推进并帮助国民党改组和国民革命军建立，领导全国反帝反封建伟大斗争，掀起大革命高潮。一九二七年国民党内反动集团叛变革命，残酷屠杀共产党人和革命人民，由于党内以陈独秀为代表的右倾思想发展为右倾机会主义错误并在党的领导机关中占了统治地位，党和人民不能组织有效抵抗，致使大革命在强大的敌人突然袭击下遭到惨重失败。

土地革命战争时期，党从残酷的现实中认识到，没有革命的武装就无法战胜武装的反革命，就无法夺取中国革命胜利，就无法改变中国人民和中华民族的命运，必须以武装的革命反对武装的反革命。南昌起义打响武装反抗国民党反动派的第一枪，标志着中国共产党独立领导革命战争、创建人民军队和武装夺取政权的开端。八七会议确定实行土地革命和武装起义的方针。党领导举行秋收起义、广州起义和其他许多地区起义，但由于敌我力量悬殊，这些起义大多数失败了。事实证明，在当时的客观条件下，中国共产党人不可能像俄国十月革命那样通过首先占领中心城市来取得革命在全国的胜利，党迫切需要找到适合中国国情的革命道路。

从进攻大城市转为向农村进军，是中国革命具有决定意义的新起点。毛泽东同志领导军民在井冈山建立第一个农村革命根据地，党领导人民打土豪、分田地。古田会议确立思想建党、政治建军原则。随着斗争发展，党创建了中央革命根据地和湘鄂西、海陆丰、鄂豫皖、琼崖、闽浙赣、湘鄂赣、湘赣、左右江、川陕、陕甘、湘鄂川黔等根据地。党在国民党统治下的白区也发展了党和其他革命组织，开展了群众革命斗争。然而，由于王明"左"倾教条主义在党内的错误领导，中央革命根据地第五次反"围剿"失败，红军不得不进行战略转移，经过艰苦卓绝的长征转战到陕北。"左"倾路线的错误给革命根据地和白区革命力量造成极大损失。

一九三五年一月，中央政治局在长征途中举行遵义会议，事实上确立了毛泽东同志在党中央和红军的领导地位，开始确立以毛泽东同志为主要代表的马克思主义正确路线在党中央的领导地位，开始形成以毛泽东同志为核心的党的第一代中央领导集体，开启了党独立自主解决中国革命实际问题新阶段，在最危急关头挽救了党、挽救了红军、挽救了中国革命，并且在这以后使党能够战胜张国焘的分裂主义，胜利完成长征，打开中国革命新局面。这在党的历史上是一个生死攸关的转折点。

抗日战争时期，九一八事变后，中日民族矛盾逐渐超越国内阶级矛盾上升为主要矛盾。在日本帝国主义加紧侵略我国、民族危机空前严重的关头，党率先高举武装抗日旗帜，广泛开展抗日救亡运动，促成西安事变和平解决，对推动国共再次合作、团结抗日起了重大历史作用。七七事变后，党实行正确的抗日民族统一战线政策，坚持全面抗战路线，提出和实施持久战的战略总方针和一整套人民战争的战略战术，开辟广大敌后战场和抗日根据地，领导八路军、新四军、东北抗日联军和其他人民抗日武装英勇作战，成为全民族抗战的中流砥柱，直到取得中国人民抗日战争最后胜利。这是近代以来中国人民反抗外敌入侵第一次取得完全胜利的民族解放斗争，也是世界反法西斯战争胜利的重要组成部分。

解放战争时期，面对国民党反动派悍然发动的全面内战，党领导广大军民逐步由积极防御转向战略进攻，打赢辽沈、淮海、平津三大战役和渡江战役，向中南、西北、西南胜利进军，消灭国民党反动派八百万军队，推翻国民党反动政府，推翻帝国主义、封建主义、官僚资本主义三座大山。党领导的人民军队在人民支持下，以一往无前的英雄气概同穷凶极恶的敌人进行殊死斗争，为夺取新民主主义革命胜利建立了历史功勋。

在革命斗争中，以毛泽东同志为主要代表的中国共产党人，把马克思列宁主义基本原理同中国具体实际相结合,对经过艰苦探索、付出巨大牺牲积累的一系列独创性经验作了理论概括,开辟了农村包围城市、武装夺取政权的正确革命道路,创立了毛泽东思想,为夺取新民主主义革命胜利指明了正确方向。

在革命斗争中,党弘扬坚持真理、坚守理想,践行初心、担当使命,不怕牺牲、英勇斗争,对党忠诚、不负人民的伟大建党精神,实施和推进党的建设伟大工程,提出着重从思想上建党的原则,坚持民主集中制,坚持理论联系实际、密切联系群众、批评和自我批评三大优良作风,形成统一战线、武装斗争、党的建设三大法宝,努力建设全国范围的、广大群众性的、思想上政治上组织上完全巩固的马克思主义政党。党从一九四二年开始在全党进行整风,这场马克思主义思想教育运动收到巨大成效。党制定《关于若干历史问题的决议》,使全党对中国革命基本问题的认识达到一致。党的七大为建立新民主主义的新中国制定了正确路线方针政策,使全党在思想上政治上组织上达到空前统一和团结。

经过二十八年浴血奋斗,党领导人民,在各民主党派和无党派民主人士积极合作下,于一九四九年十月一日宣告成立中华人民共和国,实现民族独立、人民解放,彻底结束了旧中国半殖民地半封建社会的历史,彻底结束了极少数剥削者统治广大劳动人民的历史,彻底结束了旧中国一盘散沙的局面,彻底废除了列强强加给中国的不平等条约和帝国主义在中国的一切特权,实现了中国从几千年封建专制政治向人民民主的伟大飞跃,也极大改变了世界政治格局,鼓舞了全世界被压迫民族和被压迫人民争取解放的斗争。

实践充分说明,历史和人民选择了中国共产党,没有中国共产党领导,民族独立、人民解放是不可能实现的。中国共产党和中国人民以英勇顽强的奋斗向世界庄严宣告,中国人民从此站起来了,中华民族任人宰割、饱受欺凌的时代一去不复返了,中国发展从此开启了新纪元。

## 二、完成社会主义革命和推进社会主义建设

社会主义革命和建设时期,党面临的主要任务是,实现从新民主主义到社会主义的转变,进行社会主义革命,推进社会主义建设,为实现中华民族伟大复兴奠定根本政治前提和制度基础。

新中国成立后,党领导人民战胜政治、经济、军事等方面一系列严峻挑战,肃清国民党反动派残余武装力量和土匪,和平解放西藏,实现祖国大陆完全统一;稳定物价,统一财经工作,完成土地改革,进行社会各方面民主改革,实行男女权利平等,镇压反革命,开展"三反"、"五反"运动,荡涤旧社会留下的污泥浊水,社会面貌焕然一新。中国人民志愿军雄赳赳、气昂昂跨过鸭绿江,同朝鲜人民和军队并肩战斗,战胜武装到牙齿的强敌,打出了国威军威,打出了中国人民的精气神,赢得抗美援朝战争伟大胜利,捍卫了新中国安全,彰显了新中国大国地位。新中国在错综复杂的国内国际环境中站稳了脚跟。

党领导建立和巩固工人阶级领导的、以工农联盟为基础的人民民主专政的国家政权,为国家迅速发展创造了条件。一九四九年,中国人民政治协商会议第一届全体会议制定《中国人民政治协商会议共同纲领》。一九五三年,党正式提出过渡时期的总路线,即在一个相当长的时期内,逐步实现国家的社会主义工业化,并逐步实现国家对农业、手工业和资本主义工商业的社会主义改造。一九五四年,召开第一届全国人民代表大会第一次会议,通过了《中华人民共和国宪法》。一九五六年,我国基本上完成对生产资料私有制的社会主义改造,基本上实现生产资料公有制和按劳分配,建立起社会主义经济制度。党领导确立人民代表大会制度、中国共产党领导的多党合作和政治协商制度、民族区域自治制度,为人民当家作主提供了制度保证。党领导实现和巩固了全国各族人民的大团结,形成和发展各民族平等互助的社会主义民族关系,实现和巩固全国工人、农民、知识分子和其他各阶层人民的大团结,加强和扩大了广泛统一战线。社会主义制度的建立,为我国一切进步和发展奠定了重要基础。

党的八大根据我国社会主义改造基本完成后的形势，提出国内主要矛盾已经不再是工人阶级和资产阶级的矛盾，而是人民对于经济文化迅速发展的需要同当前经济文化不能满足人民需要的状况之间的矛盾，全国人民的主要任务是集中力量发展社会生产力，实现国家工业化，逐步满足人民日益增长的物质和文化需要。党提出努力把我国逐步建设成为一个具有现代农业、现代工业、现代国防和现代科学技术的社会主义强国，领导人民开展全面的大规模的社会主义建设。经过实施几个五年计划，我国建立起独立的比较完整的工业体系和国民经济体系，农业生产条件显著改变，教育、科学、文化、卫生、体育事业有很大发展。"两弹一星"等国防尖端科技不断取得突破，国防工业从无到有逐步发展起来。人民解放军得到壮大和提高，由单一的陆军发展成为包括海军、空军和其他技术兵种在内的合成军队，为巩固新生人民政权、确立中国大国地位、维护中华民族尊严提供了坚强后盾。

党坚持独立自主的和平外交政策，倡导和坚持和平共处五项原则，坚定维护国家独立、主权、尊严，支持和援助世界被压迫民族解放事业、新独立国家建设事业和各国人民正义斗争，反对帝国主义、霸权主义、殖民主义、种族主义，彻底结束了旧中国的屈辱外交。党审时度势调整外交战略，推动恢复我国在联合国的一切合法权利，打开对外工作新局面，推动形成国际社会坚持一个中国原则的格局。党提出划分三个世界的战略，作出中国永远不称霸的庄严承诺，赢得国际社会特别是广大发展中国家尊重和赞誉。

党充分预见到在全国执政面临的新挑战，早在解放战争取得全国胜利前夕召开的党的七届二中全会就向全党提出，务必继续保持谦虚、谨慎、不骄、不躁的作风，务必继续保持艰苦奋斗的作风。新中国成立后，党着重提出执政条件下党的建设的重大课题，从思想上组织上作风上加强党的建设、巩固党的领导。党加强干部理论学习和知识培训，提高党的领导水平，要求全党特别是党的高级干部增强维护党的团结统一的自觉性。党开展整风整党，加强党内教育，整顿基层党组织，提高党员条件，反对官僚主义、命令主义和贪污浪费。党高度警惕并着力防范党员干部腐化变质，坚决惩治腐败。这些重要举措，增强了党的纯洁性和全党的团结，密切了党同人民群众的联系，积累了执政党建设的初步经验。

在这个时期，毛泽东同志提出把马克思列宁主义基本原理同中国具体实际进行"第二次结合"，以毛泽东同志为主要代表的中国共产党人，结合新的实际丰富和发展毛泽东思想，提出关于社会主义建设的一系列重要思想，包括社会主义社会是一个很长的历史阶段，严格区分和正确处理敌我矛盾和人民内部矛盾，正确处理我国社会主义建设的十大关系，走出一条适合我国国情的工业化道路，尊重价值规律，在党与民主党派的关系上实行"长期共存、互相监督"的方针，在科学文化工作中实行"百花齐放、百家争鸣"的方针等。这些独创性理论成果至今仍有重要指导意义。

毛泽东思想是马克思列宁主义在中国的创造性运用和发展，是被实践证明了的关于中国革命和建设的正确的理论原则和经验总结，是马克思主义中国化的第一次历史性飞跃。毛泽东思想的活的灵魂是贯穿于各个组成部分的立场、观点、方法，体现为实事求是、群众路线、独立自主三个基本方面，为党和人民事业发展提供了科学指引。

遗憾的是，党的八大形成的正确路线未能完全坚持下去，先后出现"大跃进"运动、人民公社化运动等错误，反右派斗争也被严重扩大化。面对当时严峻复杂的外部环境，党极为关注社会主义政权巩固，为此进行了多方面努力。然而，毛泽东同志在关于社会主义社会阶级斗争的理论和实践上的错误发展得越来越严重，党中央未能及时纠正这些错误。毛泽东同志对当时我国阶级形势以及党和国家政治状况作出完全错误的估计，发动和领导了"文化大革命"，林彪、江青两个反革命集团利用毛泽东同志的错误，进行了大量祸国殃民的罪恶活动，酿成十年内乱，使党、国家、人民遭到新中国成立以来最严重的挫折和损失，教训极其惨痛。一九七六年十月，中央政治局执行党和人民的意志，毅然粉碎了"四人帮"，结束了"文化大革命"这场灾难。

从新中国成立到改革开放前夕，党领导人民完成社会主义革命，消灭一切剥削制度，实现了中华民族有史以来最为广泛而深刻的社会变革，实现了一穷二白、人口众多的东方大国大步迈进社会主义社会的伟大飞跃。在探索过程中，虽然经历了严重曲折，但党在社会主义革命和建设中取得的独创性理论成果和巨大成就，为在新的历史时期开创中国特色社会主义提供了宝贵经验、理论准备、物质基础。

中国共产党和中国人民以英勇顽强的奋斗向世界庄严宣告，中国人民不但善于破坏一个旧世界、也善于建设一个新世界，只有社会主义才能救中国，只有社会主义才能发展中国。

## 三、进行改革开放和社会主义现代化建设

改革开放和社会主义现代化建设新时期，党面临的主要任务是，继续探索中国建设社会主义的正确道路，解放和发展社会生产力，使人民摆脱贫困、尽快富裕起来，为实现中华民族伟大复兴提供充满新的活力的体制保证和快速发展的物质条件。

"文化大革命"结束以后，在党和国家面临何去何从的重大历史关头，党深刻认识到，只有实行改革开放才是唯一出路，否则我们的现代化事业和社会主义事业就会被葬送。一九七八年十二月，党召开十一届三中全会，果断结束"以阶级斗争为纲"，实现党和国家工作中心战略转移，开启了改革开放和社会主义现代化建设新时期，实现了新中国成立以来党的历史上具有深远意义的伟大转折。党作出彻底否定"文化大革命"的重大决策。四十多年来，党始终不渝坚持这次全会确立的路线方针政策。

党的十一届三中全会以后，以邓小平同志为主要代表的中国共产党人，团结带领全党全国各族人民，深刻总结新中国成立以来正反两方面经验，围绕什么是社会主义、怎样建设社会主义这一根本问题，借鉴世界社会主义历史经验，创立了邓小平理论，解放思想，实事求是，作出把党和国家工作中心转移到经济建设上来、实行改革开放的历史性决策，深刻揭示社会主义本质，确立社会主义初级阶段基本路线，明确提出走自己的路、建

设中国特色社会主义，科学回答了建设中国特色社会主义的一系列基本问题，制定了到二十一世纪中叶分三步走、基本实现社会主义现代化的发展战略，成功开创了中国特色社会主义。

党的十三届四中全会以后，以江泽民同志为主要代表的中国共产党人，团结带领全党全国各族人民，坚持党的基本理论、基本路线，加深了对什么是社会主义、怎样建设社会主义和建设什么样的党、怎样建设党的认识，形成了"三个代表"重要思想，在国内外形势十分复杂、世界社会主义出现严重曲折的严峻考验面前捍卫了中国特色社会主义，确立了社会主义市场经济体制的改革目标和基本框架，确立了社会主义初级阶段公有制为主体、多种所有制经济共同发展的基本经济制度和按劳分配为主体、多种分配方式并存的分配制度，开创全面改革开放新局面，推进党的建设新的伟大工程，成功把中国特色社会主义推向二十一世纪。

党的十六大以后，以胡锦涛同志为主要代表的中国共产党人，团结带领全党全国各族人民，在全面建设小康社会进程中推进实践创新、理论创新、制度创新，深刻认识和回答了新形势下实现什么样的发展、怎样发展等重大问题，形成了科学发展观，抓住重要战略机遇期，聚精会神搞建设，一心一意谋发展，强调坚持以人为本、全面协调可持续发展，着力保障和改善民生，促进社会公平正义，推进党的执政能力建设和先进性建设，成功在新形势下坚持和发展了中国特色社会主义。

为了推进改革开放，党重新确立马克思主义的思想路线、政治路线、组织路线，彻底否定"两个凡是"的错误方针，正确评价毛泽东同志的历史地位和毛泽东思想的科学体系。党明确我国社会的主要矛盾是人民日益增长的物质文化需要同落后的社会生产之间的矛盾，解决这个主要矛盾就是我们的中心任务，提出小康社会目标。党在各方面工作中恢复并制定一系列正确政策，调整国民经济。党领导全面开展思想、政治、组织等领域拨乱反正，大规模平反冤假错案和调整社会关系。党制定《关于建国以来党的若干历史问题的决议》，标志着党在指导思想上的拨乱反正胜利完成。

党深刻认识到，开创改革开放和社会主义现代化建设新局面，必须以理论创新引领事业发展。邓小平同志指出，一个党，一个国家，一个民族，如果一切从本本出发，思想僵化，迷信盛行，那它就不能前进，它的生机就停止了，就要亡党亡国。党领导和支持开展真理标准问题大讨论，从新的实践和时代特征出发坚持和发展马克思主义，科学回答了建设中国特色社会主义的发展道路、发展阶段、根本任务、发展动力、发展战略、政治保证、祖国统一、外交和国际战略、领导力量和依靠力量等一系列基本问题，形成中国特色社会主义理论体系，实现了马克思主义中国化新的飞跃。

党的十二大、十三大、十四大、十五大、十六大、十七大，根据国际国内形势发展变化，从我国发展新要求出发，一以贯之对推进改革开放和社会主义现代化建设作出全面部署，并召开多次中央全会专题研究部署改革发展稳定重大工作。我国改革从农村实行家庭联产承包责任制率先突破，逐步转向城市经济体制改革并全面铺开，确立社会主义市场经济的改革方向，更大程度更广范围发挥市场在资源配置中的基础性作用，坚持和完善基本经济制度和分配制度。党坚决推进经济体制改革，同时进行政治、文化、社会等各领域体制改革，推进党的建设制度改革，不断形成和发展符合当代中国国情、充满生机活力的体制机制。党把对外开放确立为基本国策，从兴办深圳等经济特区、开发开放浦东、推动沿海沿边沿江沿线和内陆中心城市对外开放到加入世界贸易组织，从"引进来"到"走出去"，充分利用国际国内两个市场、两种资源。经过持续推进改革开放，我国实现了从高度集中的计划经济体制到充满活力的社会主义市场经济体制、从封闭半封闭到全方位开放的历史性转变。

为了加快推进社会主义现代化，党领导人民进行经济建设、政治建设、文化建设、社会建设，取得一系列重大成就。党坚持以经济建设为中心，坚持发展是硬道理，提出科学技术是第一生产力，实施科教兴国、可持续发展、人才强国等重大战略，推进西部大开发，振兴东北地区等老工业基地，促进中部地区崛起，支持东部地区率先发展，促进城乡、区域协调发展，推进国有企业改革和发展，鼓励和支持发展非公有制经济，加快转变经济发展方式，加强生态环境保护，推动经济持续快速发展，综合国力大幅提升。

党坚持党的领导、人民当家作主、依法治国有机统一，发展社会主义民主政治，建设社会主义政治文明，积极稳妥推进政治体制改革，坚持依法治国和以德治国相结合，制定新宪法，建设社会主义法治国家，形成中国特色社会主义法律体系，尊重和保障人权，巩固和发展最广泛的爱国统一战线。党加强理想信念教育，推进社会主义核心价值体系建设，建设社会主义精神文明，发展社会主义先进文化，推动社会主义文化大发展大繁荣。党加快推进以改善民生为重点的社会建设，改善人民生活，取消农业税，不断推进学有所教、劳有所得、病有所医、老有所养、住有所居，促进社会和谐稳定。党提出建设强大的现代化正规化革命军队的总目标，把军事斗争准备的基点放在打赢信息化条件下的局部战争上，推进中国特色军事变革，走中国特色精兵之路。

面对风云变幻的国际形势，党毫不动摇坚持四项基本原则，坚决排除各种干扰，从容应对关系我国改革发展稳定全局的一系列风险考验。二十世纪八十年代末九十年代初，苏联解体、东欧剧变。由于国际上反共反社会主义的敌对势力的支持和煽动，国际大气候和国内小气候导致一九八九年春夏之交我国发生严重政治风波。党和政府依靠人民，旗帜鲜明反对动乱，捍卫了社会主义国家政权，维护了人民根本利益。党领导人民成功应对亚洲金融危机、国际金融危机等经济风险，成功举办二〇〇八年北京奥运会、残奥会，战胜长江和嫩江、松花江流域严重洪涝、汶川特大地震等自然灾害，战胜非典疫情，彰显了党抵御风险和驾驭复杂局面的能力。

党把完成祖国统一大业作为历史重任，为此进行不懈努力。邓小平同志创造性提出"一个国家，两种制度"科学构想，开辟了以和平方式实现祖国统一的新途径。经过艰巨工作和斗争，我国政府相继对香港、澳门恢复行使主权，洗雪了中华民族百年耻辱。香港、澳门回归祖国后，中央政府严格按照宪法和特别行政区基本法办事，保持香港、澳门长期繁荣稳定。党把握解决台湾问题大局，确立"和平统一、一国两制"基本方针，推动两岸双方达成体现一个中国原则的"九二共识"，推进两岸协商谈判，实现全面直接双向"三通"，开启两岸政党交流。制定反分裂国家法，坚决遏制"台独"势力、促进祖国统一，有力挫败各种制造"两个中国"、"一中一台"、"台湾独立"的图谋。

党科学判断时代特征和国际形势，提出和平与发展是当今时代的主题。党坚持维护世界和平、促进共同发展的外交政策宗旨，调整同主要大国的关系，发展同周边国家的睦邻友好关系，深化同广大发展中国家的友好合作，积极参与国际和地区事务，建立起全方位多层次的对外关系新格局。党积极促进世界多极化和国际关系民主化，推动经济全球化朝着有利于共同繁荣的方向发展，旗帜鲜明反对霸权主义和强权政治，坚定维护广大发展中国家利益，推动建立公正合理的国际政治经济新秩序，促进世界持久和平、共同繁荣。

党始终强调，治国必先治党，治党务必从严，聚精会神抓好党的建设，开创和推进党的建设新的伟大工程。党制定关于党内政治生活的若干准则，健全民主集中制，发扬党内民主，实现党内政治生活正常化；有计划有步骤进行整党，着力解决党内思想不纯、作风不纯、组织不纯问题；按照革命化、年轻化、知识化、专业化方针加强干部队伍建设，大力选拔中青年干部，促进干部队伍新老交替。党围绕解决好提高党的领导水平和执政水平、提高拒腐防变和抵御风险能力这两大历史性课题，以执政能力建设和先进性建设为主线，先后就加强党同人民群众联系、加强和改进党的作风建设、加强党的执政能力建设等重大问题作出决定，组织开展"讲学习、讲政治、讲正气"教育、"三个代表"重要思想学习教育活动、保持共产党员先进性教育活动、学习实践科学发展观活动等集中性学习教育。党把党风廉政建设和反腐败斗争提高到关系党和国家生死存亡的高度，推进惩治和预防腐败体系建设。

改革开放四十周年之际，党中央隆重举行庆祝大会，习近平同志发表重要讲话，全面总结四十年改革开放取得的伟大成就和宝贵经验，强调改革开放是党的一次伟大觉醒，是中国人民和中华民族发展史上一次伟大革命，发出将改革开放进行到底的伟大号召。改革开放和社会主义现代化建设的伟大成就举世瞩目，我国实现了从生产力相对落后的状况到经济总量跃居世界第二的历史性突破，实现了人民生活从温饱不足到总体小康、奔向全面小康的历史性跨越，推进了中华民族从站起来到富起来的伟大飞跃。

中国共产党和中国人民以英勇顽强的奋斗向世界庄严宣告，改革开放是决定当代中国前途命运的关键一招，中国特色社会主义道路是指引中国发展繁荣的正确道路，中国大踏步赶上了时代。

## 四、开创中国特色社会主义新时代

党的十八大以来，中国特色社会主义进入新时代。党面临的主要任务是，实现第一个百年奋斗目标，开启实现第二个百年奋斗目标新征程，朝着实现中华民族伟大复兴的宏伟目标继续前进。

以习近平同志为核心的党中央统筹把握中华民族伟大复兴战略全局和世界百年未有之大变局，强调中国特色社会主义新时代是承前启后、继往开来、在新的历史条件下继续夺取中国特色社会主义伟大胜利的时代，是决胜全面建成小康社会、进而全面建设社会主义现代化强国的时代，是全国各族人民团结奋斗、不断创造美好生活、逐步实现全体人民共同富裕的时代，是全体中华儿女勠力同心、奋力实现中华民族伟大复兴中国梦的时代，是我国不断为人类作出更大贡献的时代。中国特色社会主义新时代是我国发展新的历史方位。

以习近平同志为主要代表的中国共产党人，坚持把马克思主义基本原理同中国具体实际相结合、同中华优秀传统文化相结合，坚持毛泽东思想、邓小平理论、"三个代表"重要思想、科学发展观，深刻总结并充分运用党成立以来的历史经验，从新的实际出发，创立了习近平新时代中国特色社会主义思想，明确中国特色社会主义最本质的特征是中国共产党领导，中国特色社会主义制度的最大优势是中国共产党领导，中国共产党是最高政治领导力量，全党必须增强"四个意识"、坚定"四个自信"、做到"两个维护"；明确坚持和发展中国特色社会主义，总任务是实现社会主义现代化和中华民族伟大复兴，在全面建成小康社会的基础上，分两步走在本世纪中叶建成富强民主文明和谐美丽的社会主义现代化强国，以中国式现代化推进中华民族伟大复兴；明确新时代我国社会主要矛盾是人民日益增长的美好生活需要和不平衡不充分的发展之间的矛盾，必须坚持以人民为中心的发展思想，发展全过程人民民主，推动人的全面发展、全体人民共同富裕取得更为明显的实质性进展；明确中国特色社会主义事业总体布局是经济建设、政治建设、文化建设、社会建设、生态文明建设五位一体，战略布局是全面建设社会主义现代化国家、全面深化改革、全面依法治国、全面从严治党四个全面；明确全面深化改革总目标是完善和发展中国特色社会主义制度、推进国家治理体系和治理能力现代化；明确全面推进依法治国总目标是建设中国特色社会主义法治体系、建设社会主义法治国家；明确必须坚持和完善社会主义基本经济制度，使市场在资源配置中起决定性作用，更好发挥政府作用，把握新发展阶段，贯彻创新、协调、绿色、开放、共享的新发展理念，加快构建以国内大循环为主体、国内国际双循环相互促进的新发展格局，推动高质量发展，统筹发展和安全；明确党在新时代的强军目标是建设一支听党指挥、能打胜仗、作风优良的人民军队，把人民军队建设成为世界一流军队；明确中国特色大国外交要服务民族复兴、促进人类进步，推动建设新型国际关系，推动构建人类命运共同体；明确全面从严治党的战略方针，提出新时代党的建设总要求，全面推进党的政治建设、思想建设、组织建设、作风建设、纪律建设，把制度建设贯穿其中，深入推进反腐败斗争，落实管党治党政治责任，以伟大自我革命引领伟大社会革命。这些战略思想和创新理念，是党对中国特色社会主义建设规律认识深化和理论创新的重大成果。

  习近平同志对关系新时代党和国家事业发展的一系列重大理论和实践问题进行了深邃思考和科学判断，就新时代坚持和发展什么样的中国特色社会主义、怎样坚持和发展中国特色社会主义，建设什么样的社会主义现代化强国、怎样建设社会主义现代化强国，建设什么样的长期执政的马克思主义政党、怎样建设长期执政的马克思主义政党等重大时代课题，提出一系列原创性的治国理政新理念新思想新战略，是习近平新时代中国特色社会主义思想的主要创立者。习近平新时代中国特色社会主义思想是当代中国马克思主义、二十一世纪马克思主义，是中华文化和中国精神的时代精华，实现了马克思主义中国化新的飞跃。党确立习近平同志党中央的核心、全党的核心地位，确立习近平新时代中国特色社会主义思想的指导地位，反映了全党全军全国各族人民共同心愿，对新时代党和国家事业发展、对推进中华民族伟大复兴历史进程具有决定性意义。

改革开放以后，党和国家事业取得重大成就，为新时代发展中国特色社会主义事业奠定了坚实基础、创造了有利条件。同时，党清醒认识到，外部环境变化带来许多新的风险挑战，国内改革发展稳定面临不少长期没有解决的深层次矛盾和问题以及新出现的一些矛盾和问题，管党治党一度宽松软带来党内消极腐败现象蔓延、政治生态出现严重问题，党群干群关系受到损害，党的创造力、凝聚力、战斗力受到削弱，党治国理政面临重大考验。

以习近平同志为核心的党中央，以伟大的历史主动精神、巨大的政治勇气、强烈的责任担当，统筹国内国际两个大局，贯彻党的基本理论、基本路线、基本方略，统揽伟大斗争、伟大工程、伟大事业、伟大梦想，坚持稳中求进工作总基调，出台一系列重大方针政策，推出一系列重大举措，推进一系列重大工作，战胜一系列重大风险挑战，解决了许多长期想解决而没有解决的难题，办成了许多过去想办而没有办成的大事，推动党和国家事业取得历史性成就、发生历史性变革。

## （一）在坚持党的全面领导上

改革开放以后，党为加强和改善党的领导进行持续努力，为党和国家事业发展提供了根本政治保证。同时，党内也存在不少对坚持党的领导认识模糊、行动乏力问题，存在不少落实党的领导弱化、虚化、淡化、边缘化问题，特别是对党中央重大决策部署执行不力，有的搞上有政策、下有对策，甚至口是心非、擅自行事。以习近平同志为核心的党中央旗帜鲜明提出，党的领导是党和国家的根本所在、命脉所在，是全国各族人民的利益所系、命运所系，全党必须自觉在思想上政治上行动上同党中央保持高度一致，提高科学执政、民主执政、依法执政水平，提高把方向、谋大局、定政策、促改革的能力，确保充分发挥党总揽全局、协调各方的领导核心作用。

党明确提出，党的领导是全面的、系统的、整体的，保证党的团结统一是党的生命；党中央集中统一领导是党的领导的最高原则，加强和维护党中央集中统一领导是全党共同的政治责任，坚持党的领导首先要旗帜鲜明讲政治，保证全党服从中央。党的十八届六中全会通过关于新形势下党内政治生活的若干准则，党中央出台中央政治局加强和维护党中央集中统一领导的若干规定，严明党的政治纪律和政治规矩，防止和反对个人主义、分散主义、自由主义、本位主义、好人主义等，发展积极健康的党内政治文化，推动营造风清气正的良好政治生态。党中央要求党的领导干部提高政治判断力、政治领悟力、政治执行力，胸怀"国之大者"，对党忠诚、听党指挥、为党尽责。党健全党的领导制度体系，完善党领导人大、政府、政协、监察机关、审判机关、检察机关、武装力量、人民团体、企事业单位、基层群众性自治组织、社会组织等制度，确保党在各种组织中发挥领导作用。党坚持民主集中制，建立健全党对重大工作的领导体制，强化党中央决策议事协调机构职能作用，完善推动党中央重大决策落实机制，严格执行向党中央请示报告制度，强化政治监督，深化政治巡视，查处违背党的路线方针政策、破坏党的集中统一领导问题，清除"两面人"，保证全党在政治立场、政治方向、政治原则、政治道路上同党中央保持高度一致。

党的十八大以来，党中央权威和集中统一领导得到有力保证，党的领导制度体系不断完善，党的领导方式更加科学，全党思想上更加统一、政治上更加团结、行动上更加一致，党的政治领导力、思想引领力、群众组织力、社会号召力显著增强。

## （二）在全面从严治党上

改革开放以后，党坚持党要管党、从严治党，推进党的建设取得明显成效。同时，由于一度出现管党不力、治党不严问题，有些党员、干部政治信仰出现严重危机，一些地方和部门选人用人风气不正，形式主义、官僚主义、享乐主义和奢靡之风盛行，特权思想和特权现象较为普遍存在。特别是搞任人唯亲、排斥异己的有之，搞团团伙伙、拉帮结派的有之，搞匿名诬告、制造谣言的有之，搞收买人心、拉动选票的有之，搞封官许愿、弹冠相庆的有之，搞自行其是、阳奉阴违的有之，搞尾大不掉、妄议中央的也有之，政治问题和经济问题相互交织，贪腐程度触目惊心。这"七个有之"问题严重影响党的形象和威信，严重损害党群干群关系，引起广大党员、干部、群众强烈不满和义愤。习近平同志强调，打铁必须自身硬，办好中国的事情，关键在党，关键在党要管党、全面从严治党。必须以加强党的长期执政能力建设、先进性和纯洁性建设为主线，以党的政治建设为统领，以坚定理想信念宗旨为根基，以调动全党积极性、主动性、创造性为着力点，不断提高党的建设质量，把党建设成为始终走在时代前列、人民衷心拥护、勇于自我革命、经得起各种风浪考验、朝气蓬勃的马克思主义执政党。党以永远在路上的清醒和坚定，坚持严的主基调，突出抓住"关键少数"，落实主体责任和监督责任，强化监督执纪问责，把全面从严治党贯穿于党的建设各方面。党中央召开各领域党建工作会议作出有力部署，推动党的建设全面进步。

　　党中央强调，我们党来自人民、植根人民、服务人民，一旦脱离群众就会失去生命力，全面从严治党必须从人民群众反映强烈的作风问题抓起。党中央从制定和落实中央八项规定破题，坚持从中央政治局做起、从领导干部抓起，以上率下改进工作作风。中央政治局每年召开民主生活会，听取贯彻执行八项规定情况汇报，开展批评和自我批评。党中央发扬钉钉子精神，持之以恒纠治"四风"，反对特权思想和特权现象，狠刹公款送礼、公款吃喝、公款旅游、奢侈浪费等不正之风，解决群众反映强烈、损害群众利益的突出问题，推进基层减负，倡导勤俭节约、反对铺张浪费，刹住了一些过去被认为不可能刹住的歪风，纠治了一些多年未除的顽瘴痼疾，党风政风和社会风气为之一新。

党历来强调，全党必须做到理想信念坚定、组织体系严密、纪律规矩严明。马克思主义信仰、共产主义远大理想、中国特色社会主义共同理想，是中国共产党人的精神支柱和政治灵魂，也是保持党的团结统一的思想基础。党中央强调，理想信念是共产党人精神上的"钙"，共产党人如果没有理想信念，精神上就会"缺钙"，就会得"软骨病"，必然导致政治上变质、经济上贪婪、道德上堕落、生活上腐化。党坚持思想建党和制度治党同向发力，先后开展党的群众路线教育实践活动、"严以修身、严以用权、严以律己，谋事要实、创业要实、做人要实"专题教育、"学党章党规、学系列讲话，做合格党员"学习教育、"不忘初心、牢记使命"主题教育、党史学习教育等，用党的创新理论武装全党，推进学习型政党建设，教育引导广大党员、干部特别是领导干部从思想上正本清源、固本培元，筑牢信仰之基、补足精神之钙、把稳思想之舵，保持共产党人政治本色，挺起共产党人的精神脊梁。党提出和贯彻新时代党的组织路线，明确信念坚定、为民服务、勤政务实、敢于担当、清正廉洁的新时代好干部标准，突出政治素质要求、树立正确用人导向，坚持德才兼备、以德为先，坚持五湖四海、任人唯贤，坚持事业为上、公道正派，坚持不唯票、不唯分、不唯生产总值、不唯年龄，不搞"海推"、"海选"，强化党组织领导和把关作用，纠正选人用人上的不正之风。党要求各级领导干部解决好世界观、人生观、价值观这个"总开关"问题，珍惜权力、管好权力、慎用权力，自觉接受各方面监督，时刻想着为党分忧、为国奉献、为民造福。党坚持党管人才原则，实行更加积极、更加开放、更加有效的人才政策，深入实施新时代人才强国战略，加快建设世界重要人才中心和创新高地，聚天下英才而用之。党不断健全组织体系，以提升组织力为重点，增强党组织政治功能和组织功能，树立大抓基层的鲜明导向，推动党的组织和党的工作全覆盖。党坚持纪严于法、执纪执法贯通，用好监督执纪"四种形态"，强化政治纪律和组织纪律，带动各项纪律全面严起来。党坚持依规治党，严格遵守党章，形成比较完善的党内法规体系，严格制度执行，党的建设科学化、制度化、规范化水平明显提高。

党中央强调，腐败是党长期执政的最大威胁，反腐败是一场输不起也决不能输的重大政治斗争，不得罪成百上千的腐败分子，就要得罪十四亿人民，必须把权力关进制度的笼子里，依纪依法设定权力、规范权力、制约权力、监督权力。党坚持不敢腐、不能腐、不想腐一体推进，惩治震慑、制度约束、提高觉悟一体发力，确保党和人民赋予的权力始终用来为人民谋幸福。坚持无禁区、全覆盖、零容忍，坚持重遏制、强高压、长震慑，坚持受贿行贿一起查，坚持有案必查、有腐必惩，以猛药去疴、重典治乱的决心，以刮骨疗毒、壮士断腕的勇气，坚定不移"打虎"、"拍蝇"、"猎狐"。坚决整治群众身边腐败问题，深入开展国际追逃追赃，清除一切腐败分子。党聚焦政治问题和经济问题交织的腐败案件，防止党内形成利益集团，查处周永康、薄熙来、孙政才、令计划等严重违纪违法案件。党领导完善党和国家监督体系，推动设立国家监察委员会和地方各级监察委员会，构建巡视巡察上下联动格局，构建以党内监督为主导、各类监督贯通协调的机制，加强对权力运行的制约和监督。

党的十八大以来，经过坚决斗争，全面从严治党的政治引领和政治保障作用充分发挥，党的自我净化、自我完善、自我革新、自我提高能力显著增强，管党治党宽松软状况得到根本扭转，反腐败斗争取得压倒性胜利并全面巩固，消除了党、国家、军队内部存在的严重隐患，党在革命性锻造中更加坚强。

## （三）在经济建设上

改革开放以后，党扭住经济建设这个中心，领导人民埋头苦干，创造出经济快速发展奇迹，国家经济实力大幅跃升。同时，由于一些地方和部门存在片面追求速度规模、发展方式粗放等问题，加上国际金融危机后世界经济持续低迷影响，经济结构性体制性矛盾不断积累，发展不平衡、不协调、不可持续问题十分突出。党中央提出，我国经济发展进入新常态，已由高速增长阶段转向高质量发展阶段，面临增长速度换挡期、结构调整阵痛期、前期刺激政策消化期"三期叠加"的复杂局面，传统发展模式难以为继。党中央强调,贯彻新发展理念是关系我国发展全局的一场深刻变革,不能简单以生产总值增长率论英雄,必须实现创新成为第一动力、协调成为内生特点、绿色成为普遍形态、开放成为必由之路、共享成为根本目的的高质量发展,推动经济发展质量变革、效率变革、动力变革。

党加强对经济工作的战略谋划和统一领导,完善党领导经济工作体制机制。党的十八届五中全会、党的十九大、党的十九届五中全会和历次中央经济工作会议集中对我国发展作出部署,作出坚持以高质量发展为主题、以供给侧结构性改革为主线、建设现代化经济体系、把握扩大内需战略基点,打好防范化解重大风险、精准脱贫、污染防治三大攻坚战等重大决策。党毫不动摇巩固和发展公有制经济,毫不动摇鼓励、支持、引导非公有制经济发展,支持国有资本和国有企业做强做优做大,建立中国特色现代企业制度,增强国有经济竞争力、创新力、控制力、影响力、抗风险能力;构建亲清政商关系,促进非公有制经济健康发展和非公有制经济人士健康成长。党坚持实施创新驱动发展战略,把科技自立自强作为国家发展的战略支撑,健全新型举国体制,强化国家战略科技力量,加强基础研究,推进关键核心技术攻关和自主创新,强化知识产权创造、保护、运用,加快建设创新型国家和世界科技强国。全面实施供给侧结构性改革,推进去产能、去库存、去杠杆、降成本、补短板,落实巩固、增强、提升、畅通要求,推进制造强国建设,加快发展现代产业体系,壮大实体经济,发展数字经济。完善宏观经济治理,创新宏观调控思路和方式,增强宏观政策自主性,实施积极的财政政策和稳健的货币政策,坚持推进简政放权、放管结合、优化服务,保障粮食安全、能源资源安全、产业链供应链安全,坚持金融为实体经济服务,全面加强金融监管,防范化解经济金融领域风险,强化市场监管和反垄断规制,防止资本无序扩张,维护市场秩序,激发各类市场主体特别是中小微企业活力,保护广大劳动者和消费者权益。党实施区域协调发展战略,促进京津冀协同发展、长江经济带发展、粤港澳大湾区建设、长三角一体化发展、黄河流域生态保护和高质量发展,高标准高质量建设雄安新区,推动西部大开发形成新格局,推动东北振兴取得新突破,推动中部地区高质量发展，鼓励东部地区加快推进现代化，支持革命老区、民族地区、边疆地区、贫困地区改善生产生活条件。推进以人为核心的新型城镇化，加强城市规划、建设、管理。党始终把解决好"三农"问题作为全党工作重中之重，实施乡村振兴战略，加快推进农业农村现代化，坚持藏粮于地、藏粮于技，实行最严格的耕地保护制度，推动种业科技自立自强、种源自主可控，确保把中国人的饭碗牢牢端在自己手中。

党的十八大以来，我国经济发展平衡性、协调性、可持续性明显增强，国内生产总值突破百万亿元大关，人均国内生产总值超过一万美元，国家经济实力、科技实力、综合国力跃上新台阶，我国经济迈上更高质量、更有效率、更加公平、更可持续、更为安全的发展之路。

## （四）在全面深化改革开放上

党的十一届三中全会以后，我国改革开放走过波澜壮阔的历程，取得举世瞩目的成就。随着实践发展，一些深层次体制机制问题和利益固化的藩篱日益显现，改革进入攻坚期和深水区。党中央深刻认识到，实践发展永无止境，解放思想永无止境，改革开放也永无止境，改革只有进行时、没有完成时，停顿和倒退没有出路，必须以更大的政治勇气和智慧推进全面深化改革，敢于啃硬骨头，敢于涉险滩，突出制度建设，注重改革关联性和耦合性，真枪真刀推进改革，有效破除各方面体制机制弊端。

党的十八届三中全会对经济体制、政治体制、文化体制、社会体制、生态文明体制、国防和军队改革和党的建设制度改革作出部署，确定全面深化改革的总目标、战略重点、优先顺序、主攻方向、工作机制、推进方式和时间表、路线图。党的十一届三中全会是划时代的，开启了改革开放和社会主义现代化建设新时期。党的十八届三中全会也是划时代的，实现改革由局部探索、破冰突围到系统集成、全面深化的转变，开创了我国改革开放新局面。

党坚持改革正确方向，以促进社会公平正义、增进人民福祉为出发点和落脚点，突出问题导向，聚焦进一步解放思想、解放和发展社会生产力、解放和增强社会活力,加强顶层设计和整体谋划,增强改革的系统性、整体性、协同性,激发人民首创精神,推动重要领域和关键环节改革走实走深。党推动改革全面发力、多点突破、蹄疾步稳、纵深推进,从夯基垒台、立柱架梁到全面推进、积厚成势,再到系统集成、协同高效,各领域基础性制度框架基本确立,许多领域实现历史性变革、系统性重塑、整体性重构。

党中央深刻认识到,开放带来进步,封闭必然落后;我国发展要赢得优势、赢得主动、赢得未来,必须顺应经济全球化,依托我国超大规模市场优势,实行更加积极主动的开放战略。我国坚持共商共建共享,推动共建"一带一路"高质量发展,推进一大批关系沿线国家经济发展、民生改善的合作项目,建设和平之路、繁荣之路、开放之路、绿色之路、创新之路、文明之路,使共建"一带一路"成为当今世界深受欢迎的国际公共产品和国际合作平台。我国坚持对内对外开放相互促进、"引进来"和"走出去"更好结合,推动贸易和投资自由化便利化,构建面向全球的高标准自由贸易区网络,建设自由贸易试验区和海南自由贸易港,推动规则、规制、管理、标准等制度型开放,形成更大范围、更宽领域、更深层次对外开放格局,构建互利共赢、多元平衡、安全高效的开放型经济体系,不断增强我国国际经济合作和竞争新优势。

党的十八大以来,党不断推动全面深化改革向广度和深度进军,中国特色社会主义制度更加成熟更加定型,国家治理体系和治理能力现代化水平不断提高,党和国家事业焕发出新的生机活力。

## (五)在政治建设上

改革开放以后,党领导人民坚持中国特色社会主义政治发展道路,发展社会主义民主,取得重大进展。党从国内外政治发展成败得失中深刻认识到,坚定中国特色社会主义制度自信首先要坚定对中国特色社会主义政治制度的自信,建设社会主义民主政治,发展社会主义政治文明,必须使中国特色社会主义政治制度深深扎根于中国社会土壤,照抄照搬他国政治制度行不通,甚至会把国家前途命运葬送掉。必须坚持党的领导、人民当家作主、依法治国有机统一，积极发展全过程人民民主，健全全面、广泛、有机衔接的人民当家作主制度体系，构建多样、畅通、有序的民主渠道，丰富民主形式，从各层次各领域扩大人民有序政治参与，使各方面制度和国家治理更好体现人民意志、保障人民权益、激发人民创造。必须警惕和防范西方所谓"宪政"、多党轮流执政、"三权鼎立"等政治思潮的侵蚀影响。

党的十九届四中全会着眼于党长期执政和国家长治久安，对坚持和完善中国特色社会主义制度、推进国家治理体系和治理能力现代化作出总体擘画，重点部署坚持和完善支撑中国特色社会主义制度的根本制度、基本制度、重要制度。党中央强调，必须坚持人民主体地位，保证人民依法实行民主选举、民主协商、民主决策、民主管理、民主监督。党坚持和完善人民代表大会制度，支持和保证人民通过人民代表大会行使国家权力，支持和保证人大依法行使立法权、监督权、决定权、任免权，果断查处拉票贿选案，维护人民代表大会制度权威和尊严，发挥人民代表大会制度的根本政治制度作用。党坚持和完善中国共产党领导的多党合作和政治协商制度，完善民主党派中央对重大决策部署贯彻落实情况实施专项监督、直接向中共中央提出建议等制度，加强人民政协专门协商机构制度建设，推进社会主义协商民主广泛多层制度化发展，形成中国特色协商民主体系。党坚持巩固基层政权，完善基层民主制度，完善办事公开制度，保障人民知情权、参与权、表达权、监督权。按照坚持党的全面领导、坚持以人民为中心、坚持优化协同高效、坚持全面依法治国的原则，全面深化党和国家机构改革，党和国家机构职能实现系统性、整体性重构。党坚持和完善民族区域自治制度，坚定不移走中国特色解决民族问题的正确道路，坚持把铸牢中华民族共同体意识作为党的民族工作主线，确立新时代党的治藏方略、治疆方略，巩固和发展平等团结互助和谐的社会主义民族关系，促进各民族共同团结奋斗、共同繁荣发展。党坚持党的宗教工作基本方针，坚持我国宗教的中国化方向，积极引导宗教与社会主义社会相适应。党完善大统战工作格局，努力寻求最大公约数、画出最大同心圆，汇聚实现中华民族伟大复兴的磅礴力量。党围绕增强政治性、先进性、群众性，推动群团工作改革创新，更好发挥工会、共青团、妇联等人民团体和群众组织作用。我们以保障人民生存权、发展权为首要推进人权事业全面发展。

党的十八大以来，我国社会主义民主政治制度化、规范化、程序化全面推进，中国特色社会主义政治制度优越性得到更好发挥，生动活泼、安定团结的政治局面得到巩固和发展。

## （六）在全面依法治国上

改革开放以后，党坚持依法治国，不断推进社会主义法治建设。同时，有法不依、执法不严、司法不公、违法不究等问题严重存在，司法腐败时有发生，一些执法司法人员徇私枉法，甚至充当犯罪分子的保护伞，严重损害法治权威，严重影响社会公平正义。党深刻认识到，权力是一把"双刃剑"，依法依规行使可以造福人民，违法违规行使必然祸害国家和人民。党中央强调，法治兴则国家兴，法治衰则国家乱；全面依法治国是中国特色社会主义的本质要求和重要保障，是国家治理的一场深刻革命；坚持依法治国首先要坚持依宪治国，坚持依法执政首先要坚持依宪执政。必须坚持中国特色社会主义法治道路，贯彻中国特色社会主义法治理论，坚持依法治国、依法执政、依法行政共同推进，坚持法治国家、法治政府、法治社会一体建设，全面增强全社会尊法学法守法用法意识和能力。

党的十八届四中全会和中央全面依法治国工作会议专题研究全面依法治国问题，就科学立法、严格执法、公正司法、全民守法作出顶层设计和重大部署，统筹推进法律规范体系、法治实施体系、法治监督体系、法治保障体系和党内法规体系建设。

党强调，全面依法治国最广泛、最深厚的基础是人民，必须把体现人民利益、反映人民愿望、维护人民权益、增进人民福祉落实到全面依法治国各领域全过程，保障和促进社会公平正义，努力让人民群众在每一项法律制度、每一个执法决定、每一宗司法案件中都感受到公平正义。党领导健全保证宪法全面实施的体制机制，确立宪法宣誓制度，弘扬社会主义法治精神，提高国家机构依法履职能力，提高各级领导干部运用法治思维和法治方式解决问题、推动发展的能力，增强全社会法治意识。通过宪法修正案，制定民法典、外商投资法、国家安全法、监察法等法律，修改立法法、国防法、环境保护法等法律，加强重点领域、新兴领域、涉外领域立法，加快完善以宪法为核心的中国特色社会主义法律体系。党领导深化以司法责任制为重点的司法体制改革，推进政法领域全面深化改革，加强对执法司法活动的监督制约，开展政法队伍教育整顿，依法纠正冤错案件，严厉惩治执法司法腐败，确保执法司法公正廉洁高效权威。

党的十八大以来，中国特色社会主义法治体系不断健全，法治中国建设迈出坚实步伐，法治固根本、稳预期、利长远的保障作用进一步发挥，党运用法治方式领导和治理国家的能力显著增强。

### （七）在文化建设上

改革开放以后，党坚持物质文明和精神文明两手抓、两手硬，推动社会主义文化繁荣发展，振奋了民族精神，凝聚了民族力量。同时，拜金主义、享乐主义、极端个人主义和历史虚无主义等错误思潮不时出现，网络舆论乱象丛生，一些领导干部政治立场模糊、缺乏斗争精神，严重影响人们思想和社会舆论环境。党准确把握世界范围内思想文化相互激荡、我国社会思想观念深刻变化的趋势，强调意识形态工作是为国家立心、为民族立魂的工作，文化自信是更基础、更广泛、更深厚的自信，是一个国家、一个民族发展中最基本、最深沉、最持久的力量，没有高度文化自信、没有文化繁荣兴盛就没有中华民族伟大复兴。必须坚持以人民为中心的工作导向，举旗帜、聚民心、育新人、兴文化、展形象，牢牢掌握意识形态工作领导权，建设具有强大凝聚力和引领力的社会主义意识形态，建设社会主义文化强国，激发全民族文化创新创造活力，更好构筑中国精神、中国价值、中国力量，巩固全党全国各族人民团结奋斗的共同思想基础。

党着力解决意识形态领域党的领导弱化问题，立破并举、激浊扬清，就意识形态领域许多方向性、战略性问题作出部署，确立和坚持马克思主义在意识形态领域指导地位的根本制度,健全意识形态工作责任制,推动全党动手抓宣传思想工作,守土有责、守土负责、守土尽责,敢抓敢管、敢于斗争,旗帜鲜明反对和抵制各种错误观点。党从正本清源入手加强宣传思想工作,召开全国宣传思想工作会议,分别召开文艺工作、党的新闻舆论工作、网络安全和信息化工作、哲学社会科学工作座谈会和全国高校思想政治工作会议,就一系列根本性问题阐明原则立场,廓清了理论是非,校正了工作导向,思想文化领域向上向好态势不断发展。推动用党的创新理论武装全党、教育人民、指导实践,深化马克思主义理论研究和建设,推进中国特色哲学社会科学学科体系、学术体系、话语体系建设。高度重视传播手段建设和创新,推动媒体融合发展,提高新闻舆论传播力、引导力、影响力、公信力。党中央明确提出,过不了互联网这一关就过不了长期执政这一关。党高度重视互联网这个意识形态斗争的主阵地、主战场、最前沿,健全互联网领导和管理体制,坚持依法管网治网,营造清朗的网络空间。

党坚持以社会主义核心价值观引领文化建设,注重用社会主义先进文化、革命文化、中华优秀传统文化培根铸魂,广泛开展中国特色社会主义和中国梦宣传教育,推动理想信念教育常态化制度化,完善思想政治工作体系,建立健全党和国家功勋荣誉表彰制度,设立烈士纪念日,深化群众性精神文明创建,建设新时代文明实践中心,推动学习大国建设。党推动学习党史、新中国史、改革开放史、社会主义发展史,建成中国共产党历史展览馆,开展庆祝中国共产党成立一百周年、中华人民共和国成立七十周年、中国人民解放军建军九十周年、改革开放四十周年和纪念中国人民抗日战争暨世界反法西斯战争胜利七十周年、中国人民志愿军抗美援朝出国作战七十周年等活动,有力彰显党心民心、国威军威,在全社会唱响了主旋律、弘扬了正能量。党坚持把社会效益放在首位、社会效益和经济效益相统一,推进文化事业和文化产业全面发展,繁荣文艺创作,完善公共文化服务体系,为人民提供了更多更好的精神食粮。

党中央强调,中华优秀传统文化是中华民族的突出优势,是我们在世界文化激荡中站稳脚跟的根基,必须结合新的时代条件传承和弘扬好。我们实施中华优秀传统文化传承发展工程，推动中华优秀传统文化创造性转化、创新性发展，增强全社会文物保护意识，加大文化遗产保护力度。加快国际传播能力建设，向世界讲好中国故事、中国共产党故事，传播好中国声音，促进人类文明交流互鉴，国家文化软实力、中华文化影响力明显提升。

党的十八大以来，我国意识形态领域形势发生全局性、根本性转变，全党全国各族人民文化自信明显增强，全社会凝聚力和向心力极大提升，为新时代开创党和国家事业新局面提供了坚强思想保证和强大精神力量。

## （八）在社会建设上

改革开放以后，我国人民生活显著改善，社会治理明显改进。同时，随着时代发展和社会进步，人民对美好生活的向往更加强烈，对民主、法治、公平、正义、安全、环境等方面的要求日益增长。党中央强调，人民对美好生活的向往就是我们的奋斗目标，增进民生福祉是我们坚持立党为公、执政为民的本质要求，让老百姓过上好日子是我们一切工作的出发点和落脚点，补齐民生保障短板、解决好人民群众急难愁盼问题是社会建设的紧迫任务。必须以保障和改善民生为重点加强社会建设，尽力而为、量力而行，一件事情接着一件事情办，一年接着一年干，在幼有所育、学有所教、劳有所得、病有所医、老有所养、住有所居、弱有所扶上持续用力，加强和创新社会治理，使人民获得感、幸福感、安全感更加充实、更有保障、更可持续。

党深刻认识到，小康不小康，关键看老乡；脱贫攻坚是全面建成小康社会的底线任务，只有打赢脱贫攻坚战，才能确保全面建成小康社会、实现第一个百年奋斗目标；必须以更大决心、更精准思路、更有力措施，采取超常举措，实施脱贫攻坚工程。党坚持精准扶贫，确立不愁吃、不愁穿和义务教育、基本医疗、住房安全有保障工作目标，实行"军令状"式责任制，动员全党全国全社会力量，上下同心、尽锐出战，攻克坚中之坚、解决难中之难，组织实施人类历史上规模最大、力度最强的脱贫攻坚战，形成伟大脱贫攻坚精神。党的十八大以来,全国八百三十二个贫困县全部摘帽,十二万八千个贫困村全部出列,近一亿农村贫困人口实现脱贫,提前十年实现联合国二〇三〇年可持续发展议程减贫目标,历史性地解决了绝对贫困问题,创造了人类减贫史上的奇迹。

二〇二〇年,面对突如其来的新冠肺炎疫情,党中央果断决策、沉着应对,坚持人民至上、生命至上,提出坚定信心、同舟共济、科学防治、精准施策的总要求,开展抗击疫情人民战争、总体战、阻击战,周密部署武汉保卫战、湖北保卫战,举全国之力实施规模空前的生命大救援,慎终如始抓好"外防输入、内防反弹",坚持统筹疫情防控和经济社会发展,最大限度保护了人民生命安全和身体健康,在全球率先控制住疫情、率先复工复产、率先恢复经济社会发展,抗疫斗争取得重大战略成果,铸就了伟大抗疫精神。

为了保障和改善民生,党按照坚守底线、突出重点、完善制度、引导预期的思路,在收入分配、就业、教育、社会保障、医疗卫生、住房保障等方面推出一系列重大举措,注重加强普惠性、基础性、兜底性民生建设,推进基本公共服务均等化。我们努力建设体现效率、促进公平的收入分配体系,调节过高收入,取缔非法收入,增加低收入者收入,稳步扩大中等收入群体,推动形成橄榄型分配格局,居民收入增长与经济增长基本同步,农村居民收入增速快于城镇居民。实施就业优先政策,推动实现更加充分、更高质量就业。全面贯彻党的教育方针,优先发展教育事业,明确教育的根本任务是立德树人,培养德智体美劳全面发展的社会主义建设者和接班人,深化教育教学改革创新,促进公平和提高质量,推进义务教育均衡发展和城乡一体化,全面推行国家通用语言文字教育教学,规范校外培训机构,积极发展职业教育,推动高等教育内涵式发展,推进教育强国建设,办好人民满意的教育。我国建成世界上规模最大的社会保障体系,十亿二千万人拥有基本养老保险,十三亿六千万人拥有基本医疗保险。全面推进健康中国建设,坚持预防为主的方针,深化医药卫生体制改革,引导医疗卫生工作重心下移、资源下沉,及时推动完善重大疫情防控体制机制、健全国家公共卫生应急管理体系，促进中医药传承创新发展，健全遍及城乡的公共卫生服务体系。加快体育强国建设，广泛开展全民健身活动，大力弘扬中华体育精神。加强人口发展战略研究，积极应对人口老龄化，加快建设养老服务体系，调整优化生育政策，促进人口长期均衡发展。注重家庭家教家风建设，保障妇女儿童权益。加快发展残疾人事业。坚持房子是用来住的、不是用来炒的定位，加快建立多主体供给、多渠道保障、租购并举的住房制度，加大保障房建设投入力度，城乡居民住房条件明显改善。

党着眼于国家长治久安、人民安居乐业，建设更高水平的平安中国，完善社会治理体系，健全党组织领导的自治、法治、德治相结合的城乡基层治理体系，推动社会治理重心向基层下移，建设共建共治共享的社会治理制度，建设人人有责、人人尽责、人人享有的社会治理共同体。加强防灾减灾救灾和安全生产工作，加强国家应急管理体系和能力建设。坚持和发展新时代"枫桥经验"，坚持系统治理、依法治理、综合治理、源头治理，完善信访制度，健全社会矛盾纠纷多元预防调处化解综合机制，加强社会治安综合治理，开展扫黑除恶专项斗争，坚决惩治放纵、包庇黑恶势力甚至充当保护伞的党员干部，防范和打击暴力恐怖、新型网络犯罪、跨国犯罪。

党的十八大以来，我国社会建设全面加强，人民生活全方位改善，社会治理社会化、法治化、智能化、专业化水平大幅度提升，发展了人民安居乐业、社会安定有序的良好局面，续写了社会长期稳定奇迹。

## （九）在生态文明建设上

改革开放以后，党日益重视生态环境保护。同时，生态文明建设仍然是一个明显短板，资源环境约束趋紧、生态系统退化等问题越来越突出，特别是各类环境污染、生态破坏呈高发态势，成为国土之伤、民生之痛。如果不抓紧扭转生态环境恶化趋势，必将付出极其沉重的代价。党中央强调，生态文明建设是关乎中华民族永续发展的根本大计，保护生态环境就是保护生产力，改善生态环境就是发展生产力，决不以牺牲环境为代价换取一时的经济增长。必须坚持绿水青山就是金山银山的理念，坚持山水林田湖草沙一体化保护和系统治理，像保护眼睛一样保护生态环境，像对待生命一样对待生态环境，更加自觉地推进绿色发展、循环发展、低碳发展，坚持走生产发展、生活富裕、生态良好的文明发展道路。

党从思想、法律、体制、组织、作风上全面发力，全方位、全地域、全过程加强生态环境保护，推动划定生态保护红线、环境质量底线、资源利用上线，开展一系列根本性、开创性、长远性工作。党组织实施主体功能区战略，建立健全自然资源资产产权制度、国土空间开发保护制度、生态文明建设目标评价考核制度和责任追究制度、生态补偿制度、河湖长制、林长制、环境保护"党政同责"和"一岗双责"等制度，制定修订相关法律法规。优化国土空间开发保护格局，建立以国家公园为主体的自然保护地体系，持续开展大规模国土绿化行动，加强大江大河和重要湖泊湿地及海岸带生态保护和系统治理，加大生态系统保护和修复力度，加强生物多样性保护，推动形成节约资源和保护环境的空间格局、产业结构、生产方式、生活方式。党领导着力打赢污染防治攻坚战，深入实施大气、水、土壤污染防治三大行动计划，打好蓝天、碧水、净土保卫战，开展农村人居环境整治，全面禁止进口"洋垃圾"。开展中央生态环境保护督察，坚决查处一批破坏生态环境的重大典型案件、解决一批人民群众反映强烈的突出环境问题。我国积极参与全球环境与气候治理，作出力争二〇三〇年前实现碳达峰、二〇六〇年前实现碳中和的庄严承诺，体现了负责任大国的担当。

党的十八大以来，党中央以前所未有的力度抓生态文明建设，全党全国推动绿色发展的自觉性和主动性显著增强，美丽中国建设迈出重大步伐，我国生态环境保护发生历史性、转折性、全局性变化。

## （十）在国防和军队建设上

改革开放以后，人民军队革命化现代化正规化水平不断提高，国防实力日益增强，为国家改革发展稳定提供了可靠安全保障。党中央强调，强国必须强军、军强才能国安，必须建设同我国国际地位相称、同国家安全和发展利益相适应的巩固国防和强大人民军队。

党提出新时代的强军目标，确立新时代军事战略方针，制定到二〇二七年实现建军一百年奋斗目标、到二〇三五年基本实现国防和军队现代化、到本世纪中叶全面建成世界一流军队的国防和军队现代化新"三步走"战略，推进政治建军、改革强军、科技强军、人才强军、依法治军，加快军事理论现代化、军队组织形态现代化、军事人员现代化、武器装备现代化，加快机械化信息化智能化融合发展，全面加强练兵备战，坚持走中国特色强军之路。

建设强大人民军队，首要的是毫不动摇坚持党对人民军队绝对领导的根本原则和制度，坚持人民军队最高领导权和指挥权属于党中央和中央军委，全面深入贯彻军委主席负责制。有一个时期，人民军队党的领导弱化问题突出，如果不彻底解决，不仅影响战斗力，而且事关党指挥枪这一重大政治原则。党中央和中央军委狠抓全面从严治军，果断决策整肃人民军队政治纲纪，在古田召开全军政治工作会议，对新时代政治建军作出部署，恢复和发扬我党我军光荣传统和优良作风，以整风精神推进政治整训，全面加强军队党的领导和党的建设，深入推进军队党风廉政建设和反腐败斗争，坚决查处郭伯雄、徐才厚、房峰辉、张阳等严重违纪违法案件并彻底肃清其流毒影响，推动人民军队政治生态根本好转。

党提出改革强军战略，领导开展新中国成立以来最为广泛、最为深刻的国防和军队改革，重构人民军队领导指挥体制、现代军事力量体系、军事政策制度，裁减现役员额三十万，形成了军委管总、战区主战、军种主建新格局。面对世界新军事革命，我们实施科技强军战略，建设创新型人民军队，建设强大的现代化后勤，国防科技和武器装备建设取得重大进展。实施人才强军战略，确立新时代军事教育方针，明确军队好干部标准，推动构建三位一体新型军事人才培养体系，培养有灵魂、有本事、有血性、有品德的新时代革命军人，锻造具有铁一般信仰、铁一般信念、铁一般纪律、铁一般担当的过硬部队。贯彻依法治军战略，构建中国特色军事法治体系，加快治军方式根本性转变。推进军人荣誉体系建设。

党提出新时代人民军队使命任务，创新军事战略指导，调整优化军事战略布局，强化人民军队塑造态势、管控危机、遏制战争、打赢战争的战略功能。人民军队紧紧扭住战斗力这个唯一的根本的标准，扭住能打仗、打胜仗这个根本指向，壮大战略力量和新域新质作战力量，加强联合作战指挥体系和能力建设，大力纠治"和平积弊"，大抓实战化军事训练，建设强大稳固的现代边海空防，坚定灵活开展军事斗争，有效应对外部军事挑衅，震慑"台独"分裂行径，遂行边防斗争、海上维权、反恐维稳、抢险救灾、抗击疫情、维和护航、人道主义救援和国际军事合作等重大任务。

党的十八大以来，在党的坚强领导下，人民军队实现整体性革命性重塑、重整行装再出发，国防实力和经济实力同步提升，一体化国家战略体系和能力加快构建，建立健全退役军人管理保障体制，国防动员更加高效，军政军民团结更加巩固。人民军队坚决履行新时代使命任务，以顽强斗争精神和实际行动捍卫了国家主权、安全、发展利益。

## （十一）在维护国家安全上

改革开放以后，党高度重视正确处理改革发展稳定关系，把维护国家安全和社会安定作为党和国家的一项基础性工作来抓，为改革开放和社会主义现代化建设营造了良好安全环境。进入新时代，我国面临更为严峻的国家安全形势，外部压力前所未有，传统安全威胁和非传统安全威胁相互交织，"黑天鹅"、"灰犀牛"事件时有发生。同形势任务要求相比，我国维护国家安全能力不足，应对各种重大风险能力不强，维护国家安全的统筹协调机制不健全。党中央强调，国泰民安是人民群众最基本、最普遍的愿望。必须坚持底线思维、居安思危、未雨绸缪，坚持国家利益至上，以人民安全为宗旨，以政治安全为根本，以经济安全为基础，以军事、科技、文化、社会安全为保障，以促进国际安全为依托，统筹发展和安全，统筹开放和安全，统筹传统安全和非传统安全，统筹自身安全和共同安全，统筹维护国家安全和塑造国家安全。

习近平同志强调保证国家安全是头等大事，提出总体国家安全观，涵盖政治、军事、国土、经济、文化、社会、科技、网络、生态、资源、核、海外利益、太空、深海、极地、生物等诸多领域，要求全党增强斗争精神、提高斗争本领，落实防范化解各种风险的领导责任和工作责任。党中央深刻认识到，面对来自外部的各种围堵、打压、捣乱、颠覆活动，必须发扬不信邪、不怕鬼的精神，同企图颠覆中国共产党领导和我国社会主义制度、企图迟滞甚至阻断中华民族伟大复兴进程的一切势力斗争到底，一味退让只能换来得寸进尺的霸凌，委曲求全只能招致更为屈辱的境况。

党着力推进国家安全体系和能力建设，设立中央国家安全委员会，完善集中统一、高效权威的国家安全领导体制，完善国家安全法治体系、战略体系和政策体系，建立国家安全工作协调机制和应急管理机制。党把安全发展贯穿国家发展各领域全过程，注重防范化解影响我国现代化进程的重大风险，坚定维护国家政权安全、制度安全、意识形态安全，加强国家安全宣传教育和全民国防教育，巩固国家安全人民防线，推进兴边富民、稳边固边，严密防范和严厉打击敌对势力渗透、破坏、颠覆、分裂活动，顶住和反击外部极端打压遏制，开展涉港、涉台、涉疆、涉藏、涉海等斗争，加快建设海洋强国，有效维护国家安全。

党的十八大以来，国家安全得到全面加强，经受住了来自政治、经济、意识形态、自然界等方面的风险挑战考验，为党和国家兴旺发达、长治久安提供了有力保证。

## （十二）在坚持"一国两制"和推进祖国统一上

香港、澳门回归祖国后，重新纳入国家治理体系，走上了同祖国内地优势互补、共同发展的宽广道路，"一国两制"实践取得举世公认的成功。同时，一个时期，受各种内外复杂因素影响，"反中乱港"活动猖獗，香港局势一度出现严峻局面。党中央强调，必须全面准确、坚定不移贯彻"一国两制"方针，坚持和完善"一国两制"制度体系，坚持依法治港治澳，维护宪法和基本法确定的特别行政区宪制秩序，落实中央对特别行政区全面管治权，坚定落实"爱国者治港"、"爱国者治澳"。

党中央审时度势，作出健全中央依照宪法和基本法对特别行政区行使全面管治权、完善特别行政区同宪法和基本法实施相关制度机制的重大决策,推动建立健全特别行政区维护国家安全的法律制度和执行机制、制定《中华人民共和国香港特别行政区维护国家安全法》、完善香港特别行政区选举制度,落实"爱国者治港"原则,支持特别行政区完善公职人员宣誓制度。中央人民政府依法设立驻香港特别行政区维护国家安全公署,香港特别行政区依法设立维护国家安全委员会。中央坚定支持香港特别行政区依法止暴制乱、恢复秩序,支持行政长官和特别行政区政府依法施政,坚决防范和遏制外部势力干预港澳事务,严厉打击分裂、颠覆、渗透、破坏活动。全面支持香港、澳门更好融入国家发展大局,高质量建设粤港澳大湾区,支持港澳发展经济、改善民生,增强港澳同胞国家意识和爱国精神。这一系列标本兼治的举措,推动香港局势实现由乱到治的重大转折,为推进依法治港治澳、促进"一国两制"实践行稳致远打下了坚实基础。

解决台湾问题、实现祖国完全统一,是党矢志不渝的历史任务,是全体中华儿女的共同愿望,是实现中华民族伟大复兴的必然要求。党把握两岸关系时代变化,丰富和发展国家统一理论和对台方针政策,推动两岸关系朝着正确方向发展。习近平同志就对台工作提出一系列重要理念、重大政策主张,形成新时代党解决台湾问题的总体方略。我们推动实现一九四九年以来两岸领导人首次会晤、两岸领导人直接对话沟通。党秉持"两岸一家亲"理念,推动两岸关系和平发展,出台一系列惠及广大台胞的政策,加强两岸经济文化交流合作。二〇一六年以来,台湾当局加紧进行"台独"分裂活动,致使两岸关系和平发展势头受到严重冲击。我们坚持一个中国原则和"九二共识",坚决反对"台独"分裂行径,坚决反对外部势力干涉,牢牢把握两岸关系主导权和主动权。祖国完全统一的时和势始终在我们这一边。

实践证明,有中国共产党的坚强领导,有伟大祖国的坚强支撑,有全国各族人民包括香港特别行政区同胞、澳门特别行政区同胞和台湾同胞的同心协力,香港、澳门长期繁荣稳定一定能够保持,祖国完全统一一定能够实现。

## （十三）在外交工作上

改革开放以后，党坚持独立自主的和平外交政策，为我国发展营造了良好外部环境，为人类进步事业作出重大贡献。进入新时代，国际力量对比深刻调整，单边主义、保护主义、霸权主义、强权政治对世界和平与发展威胁上升，逆全球化思潮上升，世界进入动荡变革期。党中央强调，面对复杂严峻的国际形势和前所未有的外部风险挑战，必须统筹国内国际两个大局，健全党对外事工作领导体制机制，加强对外工作顶层设计，对中国特色大国外交作出战略谋划，推动建设新型国际关系，推动构建人类命运共同体，弘扬和平、发展、公平、正义、民主、自由的全人类共同价值，引领人类进步潮流。

党把握新时代外交工作大局，紧扣服务民族复兴、促进人类进步这条主线，高举和平、发展、合作、共赢的旗帜，推进和完善全方位、多层次、立体化的外交布局，积极发展全球伙伴关系。我们运筹大国关系，推进大国协调和合作。按照亲诚惠容理念和与邻为善、以邻为伴的周边外交方针深化同周边国家关系，稳定周边战略依托，打造周边命运共同体。秉持正确义利观和真实亲诚理念加强同广大发展中国家团结合作，整体合作机制实现全覆盖。党同世界上五百多个政党和政治组织保持经常性联系，深化政党交流合作。适应"走出去"日益扩大的新形势，不断完善海外利益保护体系，有力应对了一系列海外利益风险挑战。

我国积极参与全球治理体系改革和建设，维护以联合国为核心的国际体系、以国际法为基础的国际秩序、以联合国宪章宗旨和原则为基础的国际关系基本准则，维护和践行真正的多边主义，坚决反对单边主义、保护主义、霸权主义、强权政治，积极推动经济全球化朝着更加开放、包容、普惠、平衡、共赢的方向发展。我国建设性参与国际和地区热点问题政治解决，在气候变化、减贫、反恐、网络安全和维护地区安全等领域发挥积极作用。我国开展抗击新冠肺炎疫情国际合作，发起新中国成立以来最大规模的全球紧急人道主义行动，向众多国家特别是发展中国家提供物资援助、医疗支持、疫苗援助和合作，展现负责任大国形象。

经过持续努力，中国特色大国外交全面推进，构建人类命运共同体成为引领时代潮流和人类前进方向的鲜明旗帜，我国外交在世界大变局中开创新局、在世界乱局中化危为机，我国国际影响力、感召力、塑造力显著提升。

总之，党的十八大以来，以习近平同志为核心的党中央领导全党全军全国各族人民砥砺前行，全面建成小康社会目标如期实现，党和国家事业取得历史性成就、发生历史性变革，彰显了中国特色社会主义的强大生机活力，党心军心民心空前凝聚振奋，为实现中华民族伟大复兴提供了更为完善的制度保证、更为坚实的物质基础、更为主动的精神力量。中国共产党和中国人民以英勇顽强的奋斗向世界庄严宣告，中华民族迎来了从站起来、富起来到强起来的伟大飞跃。

## 五、中国共产党百年奋斗的历史意义

一百年来，党始终践行初心使命，团结带领全国各族人民绘就了人类发展史上的壮美画卷，中华民族伟大复兴展现出前所未有的光明前景。

（一）党的百年奋斗从根本上改变了中国人民的前途命运。近代以后，中国人民深受三座大山压迫，被西方列强辱为"东亚病夫"。一百年来，党领导人民经过波澜壮阔的伟大斗争，中国人民彻底摆脱了被欺负、被压迫、被奴役的命运，成为国家、社会和自己命运的主人，人民民主不断发展，十四亿多人口实现全面小康，中国人民对美好生活的向往不断变为现实。今天，中国人民更加自信、自立、自强，极大增强了志气、骨气、底气，在历史进程中积累的强大能量充分爆发出来，焕发出前所未有的历史主动精神、历史创造精神，正在信心百倍书写着新时代中国发展的伟大历史。

（二）党的百年奋斗开辟了实现中华民族伟大复兴的正确道路。近代以后，创造了灿烂文明的中华民族遭遇到文明难以赓续的深重危机，呈现在世界面前的是一派衰败凋零的景象。一百年来，党领导人民不懈奋斗、不断进取,成功开辟了实现中华民族伟大复兴的正确道路。中国从四分五裂、一盘散沙到高度统一、民族团结,从积贫积弱、一穷二白到全面小康、繁荣富强,从被动挨打、饱受欺凌到独立自主、坚定自信,仅用几十年时间就走完发达国家几百年走过的工业化历程,创造了经济快速发展和社会长期稳定两大奇迹。今天,中华民族向世界展现的是一派欣欣向荣的气象,巍然屹立于世界东方。

（三）党的百年奋斗展示了马克思主义的强大生命力。马克思主义揭示了人类社会发展规律,是认识世界、改造世界的科学真理。同时,坚持和发展马克思主义,从理论到实践都需要全世界的马克思主义者进行极为艰巨、极具挑战性的努力。一百年来,党坚持把马克思主义写在自己的旗帜上,不断推进马克思主义中国化时代化,用博大胸怀吸收人类创造的一切优秀文明成果,用马克思主义中国化的科学理论引领伟大实践。马克思主义的科学性和真理性在中国得到充分检验,马克思主义的人民性和实践性在中国得到充分贯彻,马克思主义的开放性和时代性在中国得到充分彰显。马克思主义中国化时代化不断取得成功,使马克思主义以崭新形象展现在世界上,使世界范围内社会主义和资本主义两种意识形态、两种社会制度的历史演进及其较量发生了有利于社会主义的重大转变。

（四）党的百年奋斗深刻影响了世界历史进程。党和人民事业是人类进步事业的重要组成部分。一百年来,党既为中国人民谋幸福、为中华民族谋复兴,也为人类谋进步、为世界谋大同,以自强不息的奋斗深刻改变了世界发展的趋势和格局。党领导人民成功走出中国式现代化道路,创造了人类文明新形态,拓展了发展中国家走向现代化的途径,给世界上那些既希望加快发展又希望保持自身独立性的国家和民族提供了全新选择。党推动构建人类命运共同体,为解决人类重大问题,建设持久和平、普遍安全、共同繁荣、开放包容、清洁美丽的世界贡献了中国智慧、中国方案、中国力量,成为推动人类发展进步的重要力量。

（五）党的百年奋斗锻造了走在时代前列的中国共产党。党成立时只有五十多名党员,今天已成为拥有九千五百多万名党员、领导着十四亿多人口大国、具有重大全球影响力的世界第一大执政党。一百年来，党坚持性质宗旨，坚持理想信念，坚守初心使命，勇于自我革命，在生死斗争和艰苦奋斗中经受住各种风险考验、付出巨大牺牲，锤炼出鲜明政治品格，形成了以伟大建党精神为源头的精神谱系，保持了党的先进性和纯洁性，党的执政能力和领导水平不断提高，正领导中国人民在中国特色社会主义道路上不可逆转地走向中华民族伟大复兴，无愧为伟大光荣正确的党。

## 六、中国共产党百年奋斗的历史经验

一百年来，党领导人民进行伟大奋斗，在进取中突破，于挫折中奋起，从总结中提高，积累了宝贵的历史经验。

（一）坚持党的领导。中国共产党是领导我们事业的核心力量。中国人民和中华民族之所以能够扭转近代以后的历史命运、取得今天的伟大成就，最根本的是有中国共产党的坚强领导。历史和现实都证明，没有中国共产党，就没有新中国，就没有中华民族伟大复兴。治理好我们这个世界上最大的政党和人口最多的国家，必须坚持党的全面领导特别是党中央集中统一领导，坚持民主集中制，确保党始终总揽全局、协调各方。只要我们坚持党的全面领导不动摇，坚决维护党的核心和党中央权威，充分发挥党的领导政治优势，把党的领导落实到党和国家事业各领域各方面各环节，就一定能够确保全党全军全国各族人民团结一致向前进。

（二）坚持人民至上。党的根基在人民、血脉在人民、力量在人民，人民是党执政兴国的最大底气。民心是最大的政治，正义是最强的力量。党的最大政治优势是密切联系群众，党执政后的最大危险是脱离群众。党代表中国最广大人民根本利益，没有任何自己特殊的利益，从来不代表任何利益集团、任何权势团体、任何特权阶层的利益，这是党立于不败之地的根本所在。只要我们始终坚持全心全意为人民服务的根本宗旨，坚持党的群众路线，始终牢记江山就是人民、人民就是江山，坚持一切为了人民、一切依靠人民，坚持为人民执政、靠人民执政，坚持发展为了人民、发展依靠人民、发展成果由人民共享,坚定不移走全体人民共同富裕道路,就一定能够领导人民夺取中国特色社会主义新的更大胜利,任何想把中国共产党同中国人民分割开来、对立起来的企图就永远不会得逞。

(三)坚持理论创新。马克思主义是我们立党立国、兴党强国的根本指导思想。马克思主义理论不是教条而是行动指南,必须随着实践发展而发展,必须中国化才能落地生根、本土化才能深入人心。党之所以能够领导人民在一次次求索、一次次挫折、一次次开拓中完成中国其他各种政治力量不可能完成的艰巨任务,根本在于坚持解放思想、实事求是、与时俱进、求真务实,坚持把马克思主义基本原理同中国具体实际相结合、同中华优秀传统文化相结合,坚持实践是检验真理的唯一标准,坚持一切从实际出发,及时回答时代之问、人民之问,不断推进马克思主义中国化时代化。习近平同志指出,当代中国的伟大社会变革,不是简单延续我国历史文化的母版,不是简单套用马克思主义经典作家设想的模板,不是其他国家社会主义实践的再版,也不是国外现代化发展的翻版。只要我们勇于结合新的实践不断推进理论创新、善于用新的理论指导新的实践,就一定能够让马克思主义在中国大地上展现出更强大、更有说服力的真理力量。

(四)坚持独立自主。独立自主是中华民族精神之魂,是我们立党立国的重要原则。走自己的路,是党百年奋斗得出的历史结论。党历来坚持独立自主开拓前进道路,坚持把国家和民族发展放在自己力量的基点上,坚持中国的事情必须由中国人民自己作主张、自己来处理。人类历史上没有一个民族、一个国家可以通过依赖外部力量、照搬外国模式、跟在他人后面亦步亦趋实现强大和振兴。那样做的结果,不是必然遭遇失败,就是必然成为他人的附庸。只要我们坚持独立自主、自力更生,既虚心学习借鉴国外的有益经验,又坚定民族自尊心和自信心,不信邪、不怕压,就一定能够把中国发展进步的命运始终牢牢掌握在自己手中。

(五)坚持中国道路。方向决定道路,道路决定命运。党在百年奋斗中始终坚持从我国国情出发,探索并形成符合中国实际的正确道路。中国特色社会主义道路是创造人民美好生活、实现中华民族伟大复兴的康庄大道。脚踏中华大地，传承中华文明，走符合中国国情的正确道路，党和人民就具有无比广阔的舞台，具有无比深厚的历史底蕴，具有无比强大的前进定力。只要我们既不走封闭僵化的老路，也不走改旗易帜的邪路，坚定不移走中国特色社会主义道路，就一定能够把我国建设成为富强民主文明和谐美丽的社会主义现代化强国。

（六）坚持胸怀天下。大道之行，天下为公。党始终以世界眼光关注人类前途命运，从人类发展大潮流、世界变化大格局、中国发展大历史正确认识和处理同外部世界的关系，坚持开放、不搞封闭，坚持互利共赢、不搞零和博弈，坚持主持公道、伸张正义，站在历史正确的一边，站在人类进步的一边。只要我们坚持和平发展道路，既通过维护世界和平发展自己，又通过自身发展维护世界和平，同世界上一切进步力量携手前进，不依附别人，不掠夺别人，永远不称霸，就一定能够不断为人类文明进步贡献智慧和力量，同世界各国人民一道，推动历史车轮向着光明的前途前进。

（七）坚持开拓创新。创新是一个国家、一个民族发展进步的不竭动力。越是伟大的事业，越充满艰难险阻，越需要艰苦奋斗，越需要开拓创新。党领导人民披荆斩棘、上下求索、奋力开拓、锐意进取，不断推进理论创新、实践创新、制度创新、文化创新以及其他各方面创新，敢为天下先，走出了前人没有走出的路，任何艰难险阻都没能阻挡住党和人民前进的步伐。只要我们顺应时代潮流，回应人民要求，勇于推进改革，准确识变、科学应变、主动求变，永不僵化、永不停滞，就一定能够创造出更多令人刮目相看的人间奇迹。

（八）坚持敢于斗争。敢于斗争、敢于胜利，是党和人民不可战胜的强大精神力量。党和人民取得的一切成就，不是天上掉下来的，不是别人恩赐的，而是通过不断斗争取得的。党在内忧外患中诞生、在历经磨难中成长、在攻坚克难中壮大，为了人民、国家、民族，为了理想信念，无论敌人如何强大、道路如何艰险、挑战如何严峻，党总是绝不畏惧、绝不退缩，不怕牺牲、百折不挠。只要我们把握新的伟大斗争的历史特点，抓住和用好历史机遇，下好先手棋、打好主动仗，发扬斗争精神，增强斗争本领，凝聚起全党全国人民的意志和力量,就一定能够战胜一切可以预见和难以预见的风险挑战。

（九）坚持统一战线。团结就是力量。建立最广泛的统一战线,是党克敌制胜的重要法宝,也是党执政兴国的重要法宝。党始终坚持大团结大联合,团结一切可以团结的力量,调动一切可以调动的积极因素,促进政党关系、民族关系、宗教关系、阶层关系、海内外同胞关系和谐,最大限度凝聚起共同奋斗的力量。只要我们不断巩固和发展各民族大团结、全国人民大团结、全体中华儿女大团结,铸牢中华民族共同体意识,形成海内外全体中华儿女心往一处想、劲往一处使的生动局面,就一定能够汇聚起实现中华民族伟大复兴的磅礴伟力。

（十）坚持自我革命。勇于自我革命是中国共产党区别于其他政党的显著标志。自我革命精神是党永葆青春活力的强大支撑。先进的马克思主义政党不是天生的,而是在不断自我革命中淬炼而成的。党历经百年沧桑更加充满活力,其奥秘就在于始终坚持真理、修正错误。党的伟大不在于不犯错误,而在于从不讳疾忌医,积极开展批评和自我批评,敢于直面问题,勇于自我革命。只要我们不断清除一切损害党的先进性和纯洁性的因素,不断清除一切侵蚀党的健康肌体的病毒,就一定能够确保党不变质、不变色、不变味,确保党在新时代坚持和发展中国特色社会主义的历史进程中始终成为坚强领导核心。

以上十个方面,是经过长期实践积累的宝贵经验,是党和人民共同创造的精神财富,必须倍加珍惜、长期坚持,并在新时代实践中不断丰富和发展。

# 七、新时代的中国共产党

不忘初心,方得始终。中国共产党立志于中华民族千秋伟业,百年恰是风华正茂。过去一百年,党向人民、向历史交出了一份优异的答卷。现在,党团结带领中国人民又踏上了实现第二个百年奋斗目标新的赶考之路。时代是出卷人，我们是答卷人，人民是阅卷人。我们一定要继续考出好成绩，在新时代新征程上展现新气象新作为。

党的十九大对实现第二个百年奋斗目标作出分两个阶段推进的战略安排。从二〇二〇年到二〇三五年基本实现社会主义现代化，从二〇三五年到本世纪中叶把我国建成社会主义现代化强国。到那时，我国物质文明、政治文明、精神文明、社会文明、生态文明将全面提升，实现国家治理体系和治理能力现代化，成为综合国力和国际影响力领先的国家，全体人民共同富裕基本实现，我国人民将享有更加幸福安康的生活，中华民族将以更加昂扬的姿态屹立于世界民族之林。

今天，我们比历史上任何时期都更接近、更有信心和能力实现中华民族伟大复兴的目标。同时，全党必须清醒认识到，中华民族伟大复兴绝不是轻轻松松、敲锣打鼓就能实现的，前进道路上仍然存在可以预料和难以预料的各种风险挑战；必须清醒认识到，我国仍处于并将长期处于社会主义初级阶段，我国仍然是世界最大的发展中国家，社会主要矛盾是人民日益增长的美好生活需要和不平衡不充分的发展之间的矛盾。全党要牢记中国共产党是什么、要干什么这个根本问题，把握历史发展大势，坚定理想信念，牢记初心使命，始终谦虚谨慎、不骄不躁、艰苦奋斗，从伟大胜利中激发奋进力量，从弯路挫折中吸取历史教训，不为任何风险所惧，不为任何干扰所惑，决不在根本性问题上出现颠覆性错误，以咬定青山不放松的执着奋力实现既定目标，以行百里者半九十的清醒不懈推进中华民族伟大复兴。

全党必须坚持马克思列宁主义、毛泽东思想、邓小平理论、"三个代表"重要思想、科学发展观，全面贯彻习近平新时代中国特色社会主义思想，用马克思主义的立场、观点、方法观察时代、把握时代、引领时代，不断深化对共产党执政规律、社会主义建设规律、人类社会发展规律的认识。必须坚持党的基本理论、基本路线、基本方略，增强"四个意识"，坚定"四个自信"，做到"两个维护"，坚持系统观念，统筹推进"五位一体"总体布局，协调推进"四个全面"战略布局，立足新发展阶段、贯彻新发展理念、构建新发展格局、推动高质量发展，全面深化改革开放，促进共同富裕，推进科技自立自强，发展全过程人民民主，保证人民当家作主，坚持全面依法治国，坚持社会主义核心价值体系，坚持在发展中保障和改善民生，坚持人与自然和谐共生，统筹发展和安全，加快国防和军队现代化，协同推进人民富裕、国家强盛、中国美丽。

全党必须永远保持同人民群众的血肉联系，站稳人民立场，坚持人民主体地位，尊重人民首创精神，践行以人民为中心的发展思想，维护社会公平正义，着力解决发展不平衡不充分问题和人民群众急难愁盼问题，不断实现好、维护好、发展好最广大人民根本利益，团结带领全国各族人民不断为美好生活而奋斗。

全党必须铭记生于忧患、死于安乐，常怀远虑、居安思危，继续推进新时代党的建设新的伟大工程，坚持全面从严治党，坚定不移推进党风廉政建设和反腐败斗争，勇敢面对党面临的长期执政考验、改革开放考验、市场经济考验、外部环境考验，坚决战胜精神懈怠的危险、能力不足的危险、脱离群众的危险、消极腐败的危险。必须保持越是艰险越向前的英雄气概，敢于斗争、善于斗争，逢山开道、遇水架桥，做到难不住、压不垮，推动中国特色社会主义事业航船劈波斩浪、一往无前。

党和人民事业发展需要一代代中国共产党人接续奋斗，必须抓好后继有人这个根本大计。要坚持用习近平新时代中国特色社会主义思想教育人，用党的理想信念凝聚人，用社会主义核心价值观培育人，用中华民族伟大复兴历史使命激励人，培养造就大批堪当时代重任的接班人。要源源不断培养选拔德才兼备、忠诚干净担当的高素质专业化干部特别是优秀年轻干部，教育引导广大党员、干部自觉做习近平新时代中国特色社会主义思想的坚定信仰者和忠实实践者，牢记空谈误国、实干兴邦的道理，树立不负人民的家国情怀、追求崇高的思想境界、增强过硬的担当本领。要源源不断把各方面先进分子特别是优秀青年吸收到党内来，教育引导青年党员永远以党的旗帜为旗帜、以党的方向为方向、以党的意志为意志，赓续党的红色血脉，弘扬党的优良传统，在斗争中经风雨、见世面、壮筋骨、长才干。

要源源不断培养造就爱国奉献、勇于创新的优秀人才,真心爱才、悉心育才、精心用才,把各方面优秀人才集聚到党和人民的伟大奋斗中来。

党中央号召,全党全军全国各族人民要更加紧密地团结在以习近平同志为核心的党中央周围,全面贯彻习近平新时代中国特色社会主义思想,大力弘扬伟大建党精神,勿忘昨天的苦难辉煌,无愧今天的使命担当,不负明天的伟大梦想,以史为鉴、开创未来,埋头苦干、勇毅前行,为实现第二个百年奋斗目标、实现中华民族伟大复兴的中国梦而不懈奋斗。我们坚信,在过去一百年赢得了伟大胜利和荣光的中国共产党和中国人民,必将在新时代新征程上赢得更加伟大的胜利和荣光!

# 附录二

# 测试题

1. 中国共产党第十九届中央委员会第六次全体会议,于(　　)在北京举行。

   A. 2021 年 11 月 8 日至 11 日

   B. 2021 年 11 月 11 日至 14 日

   C. 2021 年 11 月 18 日至 22 日

2. 中央委员会全体会议每年至少举行一次。现在通常是每一届中央委员会(五年)召开(　　)次全体会议。

   A. 5

   B. 6

   C. 7

3. 党的六中全会的主要议题通常是(　　)。

   A. 国家发展和经济建设的重大问题

   B. 惯例以党建专题为主

   C. 不固定

4. 党的十九届六中全会认为,全党要坚持唯物史观和(　　),从党的百年奋斗中看清楚过去我们为什么能够成功、弄明白未来我们怎样才能继续成功,从而更加坚定、更加自觉地践行初心使命,在新时代更好坚持和发展中国特色社会主义。

   A. 党史观

B. 正确党史观

C. 英雄史观

5. 党的十九届六中全会审议通过（　　）。

A. 《关于若干历史问题的决议》

B. 《关于建国以来党的若干历史问题的决议》

C. 《中共中央关于党的百年奋斗重大成就和历史经验的决议》

6. 《中共中央关于党的百年奋斗重大成就和历史经验的决议》总结党的百年奋斗重大成就和历史经验，突出（　　）这个重点。

A. 社会主义革命和社会主义建设

B. 改革开放和社会主义现代化建设

C. 中国特色社会主义新时代

7. 《中共中央关于党的百年奋斗重大成就和历史经验的决议》，除序言外，共有（　　）个部分。

A. 四

B. 五

C. 七

8. 《中共中央关于党的百年奋斗重大成就和历史经验的决议》，将党的百年奋斗历程划分为（　　）。

A. 两个历史时期

B. 三个历史时期

C. 四个历史时期

9. 中国共产党自1921年成立以来，始终把（　　）作为自己的初心使命。

A. 为中国人民谋幸福、为中华民族谋复兴

B. 实现共产主义

C. 争取民族独立、人民解放

10. 中国特色社会主义新时代，迎来了中华民族（　　）的伟大飞跃。

A. 从几千年封建专制政治向人民民主

B. 从站起来到富起来

C. 从站起来、富起来到强起来

11. 党领导人民百年历程创造了四个方面的伟大成就：新民主主义革命的伟大成就、社会主义革命和建设的伟大成就、改革开放和社会主义现代化建设的伟大成就、（　　）。

A. 新时代中国特色社会主义的伟大成就

B. 全面建成小康社会的伟大成就

C. 脱贫攻坚战的伟大成就

12. 党的百年奋斗从根本上改变了中国人民的（　　）。

A. 正确道路

B. 前途命运

C. 历史进程

13. 党的百年奋斗锻造了走在时代前列的（　　）。

A. 共产党员

B. 中国共产党

C. 政治组织

14.《中共中央关于党的百年奋斗重大成就和历史经验的决议》，总结了百年奋斗具有根本性和长远指导意义的（　　）历史经验。

A. 八条

B. 九条

C. 十条

15. 实现（　　）是中国人民和中华民族近代以来最伟大的梦想。

A. 中华民族伟大复兴

B. 国家富强

C. 人民幸福

16. 习近平总书记指出，一百年来，中国共产党团结带领中国人民进行的一切奋斗、一切牺牲、一切创造，归结起来就是一个主题，即（　　）。

A. 实现中华民族伟大复兴

B. 人民幸福生活

C. 民族独立、人民解放

17. 新民主主义革命时期，党面临的主要任务是为实现中华民族伟大复兴创造（　　）。

A. 根本社会条件

B. 政治前提

C. 物质条件

18. 1927年10月，毛泽东率领秋收起义部队在（　　）创建了第一个农村革命根据地。

A. 井冈山

B. 遵义

C. 延安

19. 1935年1月，中共中央政治局在长征途中举行的（　　），事实上确立了毛泽东在党中央和红军的领导地位,这在党的历史上是一个生死攸关的转折点。

A. 瓦窑堡会议

B. 遵义会议

C. 洛川会议

20. 社会主义革命和建设时期,党面临的主要任务是,实现从新民主主义到社会主义的转变,进行社会主义革命,推进社会主义建设,为实现中华民族伟大复兴奠定根本政治前提和(　　)。

A. 制度前提

B. 制度基础

C. 制度保障

21. 1956年4月和5月,毛泽东先后在中央政治局扩大会议和最高国务会议上,作了(　　)的报告,明确提出要以苏为鉴,独立自主地探索适合中国情况的社会主义建设道路。

A.《论十大关系》

B.《在扩大的中央工作会议上的讲话》

C.《关于正确处理人民内部矛盾的问题》

22. 在革命斗争中,以毛泽东同志为主要代表的中国共产党人弘扬坚持真理、坚守理想,践行初心、担当使命,不怕牺牲、英勇斗争,对党忠诚、不负人民的(　　)。

A. 伟大建党精神

B. 红船精神

C. 长征精神

23. 1978年12月召开的党的(　　),开启了改革开放和社会主义现代化建设新时期，实现了新中国成立以来党的历史上具有深远意义的伟大转折。

A. 十一届三中全会

B. 十二届三中全会

C. 十三届三中全会

24. 以（　　）为主要代表的中国共产党人，制定了到 21 世纪中叶分三步走、基本实现社会主义现代化的发展战略，成功开创了中国特色社会主义。

A. 毛泽东

B. 邓小平

C. 江泽民

25. 中国特色社会主义（　　），是我国发展新的历史方位。

A. 新阶段

B. 新时期

C. 新时代

26. 中国特色社会主义最本质的特征是（　　）。

A. 中国共产党领导

B. 以人民为中心

C. 实现共同富裕

27. 伟大斗争、伟大工程、伟大事业、伟大梦想，紧密联系、相互贯通、相互作用，其中起决定性作用的是党的建设新的（　　）。

A. 伟大梦想

B. 伟大斗争

C. 伟大工程

28. 马克思主义中国化第一次历史性飞跃的成果是（　　）。
    A. 毛泽东思想
    B. 邓小平理论
    C. 科学发展观

29. 把邓小平理论确立为党的指导思想并写进党章的是（　　）。
    A. 党的十三大
    B. 党的十四大
    C. 党的十五大

30. 党的十六大将（　　）确立为党的指导思想并写进党章。
    A. "三个代表"重要思想
    B. 科学发展观
    C. 习近平新时代中国特色社会主义思想

31. 党的十六大以后，以（　　）同志为主要代表的中国共产党人，成功在新形势下坚持和发展了中国特色社会主义。
    A. 邓小平
    B. 江泽民
    C. 胡锦涛

32. 以习近平同志为主要代表的中国共产党人，坚持把马克思主义基本原理同中国具体实际相结合、同（　　）相结合，从新的实际出发，创立了习近平新时代中国特色社会主义思想。
    A. 中华文化
    B. 中国精神
    C. 中华优秀传统文化

33. 《中共中央关于党的百年奋斗重大成就和历史经验的决议》，在党的十九大报告基础上，将习近平新时代中国特色社会主义思想的主要内容，从"八个明确"进一步提炼为（　　）。

　　A. "九个明确"

　　B. "十个明确"

　　C. "十一个明确"

34. 党的十九届六中全会强调，党的十八大以来，在政治建设上，积极发展（　　）人民民主，我国社会主义民主政治制度化、规范化、程序化全面推进，中国特色社会主义政治制度优越性得到更好发挥，生动活泼、安定团结的政治局面得到巩固和发展。

　　A. 全流程

　　B. 全过程

　　C. 全系统

35. 党的十九届六中全会强调，在文化建设上，党中央明确提出，过不了（　　）这一关就过不了长期执政这一关。

　　A. 互联网

　　B. 新闻舆论

　　C. 意识形态

36. 党的十九届六中全会强调，党的十八大以来，在社会建设上，近一亿农村贫困人口实现脱贫，提前十年实现联合国（　　）年可持续发展议程减贫目标，历史性地解决了绝对贫困问题，创造了人类减贫史上的奇迹。

　　A. 2020

　　B. 2030

　　C. 2050

37. 党的十九届六中全会强调,党的十八大以来,在外交工作上,党推动建设新型国际关系,推动构建人类命运共同体,弘扬和平、发展、公平、正义、民主、自由的(　　),引领人类进步潮流。

　　A. 社会主义核心价值观

　　B. 普世价值

　　C. 全人类共同价值

38. 党的十九届六中全会强调,党的十八大以来,党中央权威和集中统一领导得到有力保证,党的领导制度体系不断完善,党的领导方式更加科学,全党思想上更加统一、政治上更加团结、行动上更加一致,党的政治领导力、思想引领力、(　　)、社会号召力显著增强。

　　A. 群众组织力

　　B. 群众凝聚力

　　C. 群众吸引力

39. 党的十九届六中全会强调,党的十八大以来,经过坚决斗争,全面从严治党的政治引领和政治保障作用充分发挥,党的自我净化、自我完善、自我革新、(　　)能力显著增强,管党治党宽松软状况得到根本扭转,反腐败斗争取得压倒性胜利并全面巩固,消除了党、国家、军队内部存在的严重隐患,党在革命性锻造中更加坚强。

　　A. 自我提高

　　B. 自我改造

　　C. 自我改进

40. 党的十九届六中全会指出,一百年来党领导人民不懈奋斗、不断进取,仅用几十年时间就走完发达国家几百年走过的工业化历程,创造了经济快速发展和(　　)两大奇迹。

　　A. 社会长期稳定

B. 国家繁荣富强

C. 文化高度自信

41. 党的十九届六中全会指出，一百年来党领导人民成功走出（    ）道路，创造了人类文明新形态，拓展了发展中国家走向现代化的途径。

A. 现代化

B. 符合国情的现代化

C. 中国式现代化

42. 党的十九届六中全会指出，（    ）是党执政兴国的最大底气，民心是最大的政治。

A. 人民

B. 公民

C. 市民

43. 党的十九届六中全会指出，党和人民事业发展需要一代代中国共产党人接续奋斗，必须抓好（    ）这个根本大计。

A. 后继有人

B. 从严治党

C. 改革开放

44.《中共中央关于党的百年奋斗重大成就和历史经验的决议》指出，习近平新时代中国特色社会主义思想是当代中国马克思主义、二十一世纪马克思主义，实现了马克思主义中国化（    ）。

A. 历史性飞跃

B. 第三次飞跃

C. 新的飞跃

45. 习近平新时代中国特色社会主义思想的理论主题是：新时代坚持和发展什么样的中国特色社会主义、怎样坚持和发展中国特色社会主义，建设什么样的社会主义现代化强国、怎样建设社会主义现代化强国，建设什么样的长期执政的马克思主义政党、（　　）。

A. 怎样建设长期执政的马克思主义政党

B. 怎样建设马克思主义政党

C. 怎样建设二十一世纪的马克思主义政党

46. 在庆祝中国共产党成立100周年大会上，习近平总书记代表党和人民庄严宣告：经过全党全国各族人民持续奋斗，我们实现了第一个百年奋斗目标，在中华大地上（　　）。

A. 全面建成小康社会

B. 基本实现社会主义现代化

C. 建成社会主义现代化强国

47. （　　）收入了习近平总书记在2017年10月18日至2020年1月13日期间的报告、讲话、谈话、演讲、批示、指示、贺信等92篇，分为19个专题。

A. 《习近平谈治国理政》第一卷

B. 《习近平谈治国理政》第二卷

C. 《习近平谈治国理政》第三卷

48. 中国共产党和中国人民以英勇顽强的奋斗向世界庄严宣告，（　　）是决定当代中国前途命运的关键一招。

A. 改革开放

B. 中国特色社会主义

C. "三步走"战略

49. 坚持和发展（　　）是改革开放以来党的全部理论和实践的主题。

A. 社会主义

B. 中国特色社会主义

C. 共产主义

50.《中共中央关于党的百年奋斗重大成就和历史经验的决议》，明确战略布局是(　　)、全面深化改革、全面依法治国、全面从严治党"四个全面"。

A. 全面建成小康社会

B. 全面建设社会主义现代化国家

C. 全面建成社会主义现代化强国

51.（　　）是我国的根本政治制度。

A. 社会主义

B. 人民代表大会制度

C. 中国共产党领导的多党合作和政治协商制度

52. 中国特色社会主义文化，包括中华优秀传统文化、党领导人民在革命、建设、改革中创造的（　　）和社会主义先进文化。

A. 革命文化

B. 革命精神谱系

C. 革命精神

53. 新时代中国特色社会主义基本方略集中体现为（　　）。

A. "十个坚持"

B. "十三个坚持"

C. "十四个坚持"

54. 坚定"四个自信",即坚定对中国特色社会主义的理论自信、道路自信、（　　）和文化自信。

　　A. 制度自信

　　B. 体制自信

　　C. 机制自信

55. 井冈山岁月的斗争实践,孕育了伟大的（　　）,与井冈山道路一起,成为指引中国革命走向胜利的宝贵财富。

　　A. 红船精神

　　B. 井冈山精神

　　C. 苏区精神

56. （　　）精神,充分体现了共产党人立党为公、执政为民的崇高风范,为各级领导干部忠实履行职责提供了行动标杆。

　　A. 雷锋精神

　　B. 焦裕禄精神

　　C. 铁人精神

57. 下面选项中属于社会主义革命和建设时期中国共产党革命精神谱系的是（　　）。

　　A. 西柏坡精神

　　B. 抗美援朝精神

　　C. 载人航天精神

58. 邓小平曾说过,如果没有（　　）,中国就不能叫有重要影响的大国,就没有现在这样的国际地位。

　　A."两弹一星"

　　B. 载人航天

C. 探测月球

59. 脱贫攻坚伟大斗争,锻造形成了"上下同心、尽锐出战、精准务实、开拓创新、攻坚克难、不负人民"的（    ）。

A. 脱贫攻坚精神

B. 伟大抗疫精神

C. 工匠精神

60.（    ）通过《中共中央关于坚持和完善中国特色社会主义制度、推进国家治理体系和治理能力现代化若干重大问题的决定》,深刻回答了"坚持和巩固什么、完善和发展什么"这个重大政治问题。

A. 党的十九届四中全会

B. 党的十九届五中全会

C. 党的十九届六中全会

61. 坚持和完善中国特色社会主义制度、推进国家治理体系和治理能力现代化的总体目标是,到（    ）各方面制度更加完善,基本实现国家治理体系和治理能力现代化。

A. 党成立100年

B. 2035年

C. 新中国成立100年

62.《中共中央关于制定国民经济和社会发展第十四个五年规划和二〇三五年远景目标的建议》提出,当前和今后一个时期,我国发展仍然处于（    ）,但机遇和挑战都有新的发展变化。

A. 重大挑战期

B. 重要调整期

C. 重要战略机遇期

63.《中共中央关于制定国民经济和社会发展第十四个五年规划和二〇三五年远景目标的建议》提出,我国已转向(　　)发展阶段。

　　A. 高速度

　　B. 高效率

　　C. 高质量

64.《中共中央关于制定国民经济和社会发展第十四个五年规划和二〇三五年远景目标的建议》提出,要坚持(　　)在我国现代化建设全局中的核心地位,把科技自立自强作为国家发展的战略支撑。

　　A. 创新

　　B. 改革

　　C. 发展

65.《中共中央关于制定国民经济和社会发展第十四个五年规划和二〇三五年远景目标的建议》提出,要贯彻党把方向、谋大局、定政策、促改革的要求,增强"四个意识"、坚定"四个自信"、做到(　　),确保党中央重大决策部署贯彻落实。

　　A. 听党指挥

　　B. 廉洁自律

　　C. "两个维护"

66. 习近平总书记在"不忘初心、牢记使命"主题教育总结大会上的讲话中强调,(　　),必须作为加强党的建设的永恒课题和全体党员、干部的终身课题常抓不懈。

　　A. "两个维护"

　　B. 不忘初心

　　C. 不忘初心、牢记使命

67. （　　）是最根本的党内法规，是管党治党的总规矩。

A. 党章

B. 党的纪律

C. 党规

68. 一百年来，中国共产党从成立之初的 50 余名党员，发展成为拥有（　　）多万名党员、领导着 14 亿多人口大国、具有重大全球影响力的世界第一大执政党。

A. 9000

B. 9500

C. 9600

69. 《中国共产党的历史使命与行动价值》指出，江山就是人民、人民就是江山，党打江山、守江山，守的是（　　）。

A. 人民利益

B. 人民生活

C. 人民的心

70. 中国共产党是中国工人阶级的先锋队，同时是（　　）的先锋队，是中国特色社会主义事业的领导核心，代表中国先进生产力的发展要求，代表中国先进文化的前进方向，代表中国最广大人民的根本利益。

A. 中国人民

B. 中华民族

C. 中国人民和中华民族

71. 党的最高理想和最终目标是实现（　　）。

A. 社会主义

B. 共产主义

C. 基本实现社会主义现代化

72. 马克思主义信仰、共产主义远大理想、（　　）共同理想，是中国共产党人的精神支柱和政治灵魂，也是保持党的团结统一的思想基础。

   A. 社会主义
   B. 社会主义初级阶段
   C. 中国特色社会主义

73. 新形势下，党面临的执政考验、改革开放考验、市场经济考验、（　　）考验是长期的、复杂的、严峻的，精神懈怠危险、能力不足危险、脱离群众危险、消极腐败危险更加尖锐地摆在全党面前。

   A. 社会环境
   B. 内部环境
   C. 外部环境

74. 中国共产党党员是中国工人阶级的有（　　）觉悟的先锋战士。

   A. 社会主义
   B. 爱国主义
   C. 共产主义

75. 每个党员，不论职务高低，都必须编入党的一个（　　）、小组或其他特定组织，参加党的组织生活，接受党内外群众的监督。

   A. 支部
   B. 机构
   C. 组织

76. 落实新时代党的建设总要求，要以加强党的长期执政能力建设、先进性和（　　）建设为主线。

 A. 纯洁性

 B. 廉洁性

 C. 创新性

77. 落实新时代党的建设总要求，要全面推进党的政治建设、思想建设、组织建设、作风建设、纪律建设，把（　　）贯穿其中。

 A. 制度建设

 B. 反腐败斗争

 C. 自我革命

78. 政治路线确定以后，（　　）就是决定因素。

 A. 人才

 B. 群众

 C. 干部

79. 贯彻新时代党的组织路线，要以（　　）为重点，着力培养忠诚干净担当的高素质干部。

 A. 组织体系建设

 B. 人才队伍

 C. 党的全面领导

80. 党章指出，党按照（　　）的原则选拔干部，坚持五湖四海、任人唯贤，坚持事业为上、公道正派，反对任人唯亲，努力实现干部队伍的革命化、年轻化、知识化、专业化。

 A. 德才兼备、以德为先

 B. 德才兼备、以才为先

 C. 德才兼备、德才并重

81. 在党的建设总体布局中，党的（　　）是管总的、管根本的，对党的其他建设具有统领作用。

A. 政治建设

B. 思想建设

C. 纪律建设

82. 《中共中央关于党的百年奋斗重大成就和历史经验的决议》将（　　）作为党百年奋斗的"十个坚持"历史经验之一，是因为这是中国共产党区别于其他政党的显著标志。

A. 革命精神

B. 自我革命

C. 斗争精神

83. 下面选项中不属于《中共中央关于党的百年奋斗重大成就和历史经验的决议》总结的党百年奋斗历史经验的是（　　）。

A. 坚持胸怀天下

B. 坚持独立自主

C. 坚持对外开放

84. 党的十八大以来，党坚持思想建党和制度治党同向发力，先后开展党的群众路线教育实践活动、"三严三实"专题教育、"两学一做"学习教育、"不忘初心、牢记使命"主题教育及（　　）。

A. 党史学习教育

B. "四史"学习教育

C. 国史学习教育

85. 习近平总书记在党史学习教育动员大会上的讲话中指出，党史学习教育总的来说就是要做到学史明理、学史增信、学史崇德、（　　），教育引导全党同志学党史、悟思想、办实事、开新局。

　　A. 学史启智

　　B. 学史力行

　　C. 学史激情

86.《中共中央关于党的百年奋斗重大成就和历史经验的决议》中（　　）的决定性意义体现为，坚强的领导核心和科学的理论指导，是关乎党和国家前途命运、党和人民事业成败的根本性问题。

　　A."两个确立"

　　B."三次飞跃"

　　C."四个伟大飞跃"

87. 党章规定，党的纪律主要包括政治纪律、组织纪律、廉洁纪律、群众纪律、工作纪律、（　　）。

　　A. 人事纪律

　　B. 经济纪律

　　C. 生活纪律

88. 党的纪律是多方面的，但（　　）是最重要、最根本、最关键的纪律。

　　A. 政治纪律

　　B. 组织纪律

　　C. 廉洁纪律

89. 党章对党员的纪律处分有五种，分别是：警告、严重警告、撤销党内职务、留党察看、（　　）。

　　A. 行政撤职

　　B. 留置

C. 开除党籍

90.《中国共产党纪律处分条例》规定,党员受到开除党籍处分,（　　）内不得重新入党,也不得推荐担任与其原任职务相当或者高于其原任职务的党外职务。另有规定不准重新入党的,依照规定。

A. 两年

B. 三年

C. 五年

91. 弘扬社会主义道德,要把社会公德、职业道德、家庭美德和（　　）作为着力点。

A. 个人修养

B. 个人品德

C. 个人操守

92.《中共中央关于党的百年奋斗重大成就和历史经验的决议》指出,腐败是党长期执政的最大威胁,反腐败是一场输不起也决不能输的重大（　　）。

A. 政治斗争

B. 经济斗争

C. 文化斗争

93.《中国共产党党员教育管理工作条例》强调,要努力建设政治合格、执行纪律合格、品德合格、（　　）合格的党员队伍。

A. 作风

B. 行为

C. 发挥作用

94.《中国共产党党员教育管理工作条例》要求把用（　　）武装全党作为党员教育管理的首要政治任务。

A. 马克思主义

B. 中国特色社会主义理论体系

C. 习近平新时代中国特色社会主义思想

95.《中国共产党党员教育管理工作条例》指出，根据事业发展和党的建设重点任务，结合本地区本部门本单位中心工作和党员实际，确定培训内容和方式。党员每年集中学习培训时间一般不少于（　　）学时。

A. 32

B. 48

C. 72

96.《中国共产党党员教育管理工作条例》强调，党组织应当充分发挥党员的先锋模范作用，引导党员做到平常时候看得出来、关键时刻站得出来、（　　）豁得出来。

A. 危急关头

B. 特殊时期

C. 突发事件

97.《中共中央关于党的百年奋斗重大成就和历史经验的决议》指出，要教育引导广大党员、干部自觉做习近平新时代中国特色社会主义思想的坚定信仰者和忠实实践者，牢记空谈误国、实干兴邦的道理，树立不负人民的家国情怀、追求崇高的思想境界、增强过硬的（　　）。

A. 优良作风

B. 业务素质

C. 担当本领

98.《中共中央关于党的百年奋斗重大成就和历史经验的决议》指出，要教育引导青年党员永远以（　　）为旗帜、以党的方向为方向、以党的意志为意志，赓续党的红色血脉，弘扬党的优良传统，在斗争中经风雨、见世面、壮筋骨、长才干。

A. 党的旗帜
B. 党的宗旨
C. 党的章程

99.《中共中央关于党的百年奋斗重大成就和历史经验的决议》，要求全体共产党员牢记"一个根本问题"，这就是：全党要牢记（　　）这个根本问题。

A. 中国共产党是什么、要干什么
B. 建设什么样的社会主义现代化强国、怎样建设社会主义现代化强国
C. 过去我们为什么能够成功、弄明白未来我们怎样才能继续成功

100. 党的十九届六中全会认为，党的（　　）是我们党进入全面建设社会主义现代化国家、向第二个百年奋斗目标进军新征程的重要时刻召开的一次十分重要的代表大会。

A. 十八大
B. 十九大
C. 二十大

## 测试题答案

| 1. A | 2. C | 3. C | 4. B | 5. C |
| 6. C | 7. C | 8. C | 9. A | 10. C |
| 11. A | 12. B | 13. B | 14. C | 15. A |
| 16. A | 17. A | 18. A | 19. B | 20. B |
| 21. A | 22. A | 23. A | 24. B | 25. C |
| 26. A | 27. C | 28. A | 29. C | 30. A |
| 31. C | 32. C | 33. B | 34. B | 35. A |
| 36. B | 37. C | 38. A | 39. A | 40. A |
| 41. C | 42. A | 43. A | 44. C | 45. A |
| 46. A | 47. C | 48. A | 49. B | 50. B |
| 51. B | 52. A | 53. C | 54. A | 55. B |
| 56. B | 57. B | 58. A | 59. A | 60. A |
| 61. B | 62. C | 63. C | 64. A | 65. C |
| 66. C | 67. A | 68. B | 69. C | 70. C |
| 71. B | 72. C | 73. C | 74. C | 75. A |
| 76. A | 77. A | 78. C | 79. A | 80. A |
| 81. A | 82. B | 83. C | 84. A | 85. B |
| 86. A | 87. C | 88. A | 89. C | 90. C |
| 91. B | 92. A | 93. C | 94. C | 95. A |
| 96. A | 97. C | 98. A | 99. A | 100. C |